知的生きかた文庫

成功者3000人の言葉

上阪　徹

JN080466

三笠書房

はじめに

成功した人たちは、なぜ成功できたのか

文章を書くことを仕事にして、すでに30年以上になります。ライターとして、取材をさせていただいた方は、３０００人以上。誰もが顔を知っているような俳優やテレビタレント、ベストセラーを次々に出している作家、オリンピックでメダルを獲得したアスリート、ワールドカップにも出場したサッカー選手、映画監督、漫画家、科学者、ミュージシャン、コンサルタント、大学教授、医師、そして起業家や上場企業の経営者……。

なかなか会うことができない、社会的に成功した人たちにインタビューする。これは、本当に幸運なことでした。

私自身にも、個人的な強い関心がありました。どうしてこの人たちは、成功することができたのか、他の人たちとは、何が違ったのか、と。

もちろん仕事としてインタビュー原稿を作成するなど、「アウトプット」はしてきました。しかし、原稿にはならなかった情報も含めて、私の中にはたくさんの「気づき」が蓄積されていったのでした。

例えば、多くの人が似たようなことを言っていた、ということも、そのひとつ。もしかしたらそこには、成功の本質とでもいうべきもの、あるいは成功の要諦《ようてい》が潜んでいるのではないか、と私は思うようになりました。

実際、私自身が日々の仕事を推し進める中で、これは確かにその通りだ、と感じて自然に受け入れて心がけ、意識してきた言葉もたくさんあります。それは、私自身のキャリアにおいても、大きな意味を持っていた言葉たちでした。

思えばこのご時世に、フリーランスのライターとして長きにわたってやってこられた最大の理由は、こうして取材で得た気づきのおかげだったのではないか、と思ったことは一度や二度ではありません。

だからこそ、いつしかそれを本の形でまとめなければいけない、と思うようになっていきました。それは、たくさんの成功者に話を聞いた私の責任でもある、と。

成功者になるための簡単な答えはない、と私は思っています。なぜなら、誰ひとりとして同じやり方で成功を手に入れた人はいなかったから。

ただ、ヒントはあると思っています。その中から、自分にふさわしいやり方を見つけ出していくことはできる。

本書に掲げたのは、そのヒントです。うまくいくために持っておいたほうがいい、心構え、心がけ、と言ってもいいかもしれません。


そんなことはわかっている、ということもあるかもしれません。いや、こんな話は聞いたことがないなぁ、というものもあるかもしれません。少なくとも本書で取り上げたのは、ぜひたくさんの人に知っておいてほしいと私が感じた、多くの成功者からのメッセージだと受け止めてもらえれば、と思います。

成功するために、幸せになるために。うまくいった人たちからの教えとは、どのようなものだったのか。みなさんと共有したいと思います。

CONTENTS

第2章 毎日

毎日を、どう過ごすか

第3章 ―仕事― 仕事を、どう捉《とら》えるか

第4章 ―幸運―

幸運を、どうつかむか

第5章 ―不安― 不安なとき、苦しいときにどうするか

第6章 ―人― 人と、どう付き合うか

第7章 ―人生―

人生を、どう見つめるか

第8章　―幸福―

幸福を、どう定義するか

第1章

世の中

世の中と、どう向き合うか

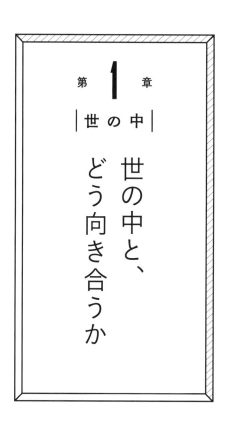

そもそも世の中は理不尽で不平等である

文学専攻の著名な大学教授に取材をしているときでした。次々に質問を繰り出していた私に対して、彼が突然こう聞いてきたのです。

「上阪さん、ドストエフスキーを読まなければいけない理由を知っていますか」

私がキョトンとしていると、彼は訥々《とつとつ》と語り始めました。

「ドストエフスキーの小説には、人間というもののすべてが詰まっているんですよ。特に、人間が生きる世界が、いかに理不尽で、無慈悲で、不平等で、不合理で、残酷なものであるかが語られている。それを理解して生きるのと、まったく理解しないで生きるのとでは、人生は大きく変わっていくんです」

たとえば、何か苦しいことがあったとき、人は思ってしまいがちです。「どうして自分だけ、こんな目に遭わなければいけないのか。こんなに努力をしているのに、どうして結果が出ないのか……」。

しかし、もし「そもそも人生は不公平で不平等で極めて厳しいもので、ラクな道など、もともとない、ありえない」と認識していたとしたら、どうでしょうか。

取材した多くの方に感じたことがありました。みなさん大変な努力や苦労をしている。だからこそ、大きな成功を手にしているわけですが、本人たちはそれを大した努力や苦労とは思っていないのです。

思えば私自身20代の頃は、何かに期待し、幸運を待ち望み、努力が結果につながらないことに怒り、自分を責め続けていました。ひどい20代でした。ところが、苦しさは当たり前なのだ、と思えるようになった30代から、人生は一変しました。

その最大の要因は、生きる前提が変わったことだと私は思っています。生きていくのはそもそも大変、ラクをして生きられるなんてありえない、努力が必ずしも報われるとは限らない……。そう思うようになれば、そのつもりで行動するようになる。自分に納得できるようになる。認識が言動を変え、結果をも大きく変えるのです。

世の中に期待しない。その覚悟だけでも、人生は変わります。

——人生や世の中に、過度に期待していませんか？

人に聞くな

70代、80代の人生の大先輩のみなさんに取材するときには、聞いてはいけないことがあると知りました。それは、「これからどうすればいいか」という質問です。これを聞けば、ほとんどの場合叱られるのです。

今もよく覚えているのは、200万部を超える大ベストセラーを出した著名な学者への取材です。それまでは機嫌よくお話をされていたのですが、「若い人はこれからどんなふうにすればいいでしょうか」という私の問いかけに、表情が一変したのでした。

「どうすればいいかなんて、人に聞くな」

一喝されました。そして、その理由を彼は語り始めました。なんといっても、彼らの中に強い衝撃を残しているのは、第二次世界大戦直後のことです。終戦の翌日から、それまで教えられていたことはすべて間違っていた、と否定されたのです。誰もが、予想もし得なかったことが起きた。

彼がそのとき学んだこと。それは「明日のことは誰にもわからない」ということでした。

明日、何が起こるかなど誰にもわからない。にもかかわらず、人は明日、もっといえば、来月や来年や10年後を知ろうとする。しかし、その行為そのものに意味がないと気づかねばなりません。

そうはいっても、「どうすればいいですか」は、やはり聞きたい。取材は私の仕事です。叱られながらも食らいついて、たくさんの高齢の方に聞きました。彼らの答えは極めてシンプルでした。

「明日のことなんて考えない。とにかく目の前にあることを、一生懸命やる」

これは30代以降の私の行動原理のひとつになりました。わからない未来にばかり目を向けて、目の前の今に一生懸命になれていない人が山ほどいるのです。実はこれこそが、問題。年輩の方々からの強烈なメッセージでした。

――明日のことを、知ろうとしていませんか？

世の中に「絶対」はない

「絶対そうだよ。そうなるに決まってんじゃん」
「違うよ、絶対にそれは間違ってるよ」
「絶対、面白いってば。絶対間違いないよ」

特に職業病というわけではないと思いますが、人に話を聞く仕事を始めてから、電車やバスに乗ると周囲の人の話についつい耳が向いてしまいます。その中で、よく聞くフレーズのベスト3に入るのが「絶対」です。

しかし、この言葉を「絶対」に使うな、という話を取材で聞いたのは、実は一度や二度ではありません。

よく覚えているのは、あるベンチャー経営者の話です。
「絶対という言葉を使う人間を信用しない。そもそも世の中をちゃんとわかっている人間は、絶対なんて使わない。なぜなら、絶対なんてないとわかっているから。人の話の聞きかじりを吹聴したり、受け売りをする人間に限って絶対という言葉を使いたがる。だから、どうして絶対なのか、その理由をとことん聞くことにしている。絶対に答えられませんけどね（笑）」

「絶対」を辞書で引けば、「他に対立するものがないこと」とあります。しかし、あらゆる選択肢をチェックした上で、本当に「これしかない」などと言えるはずはありません。

だから、慎重な人はこんな言葉は使いません。世の中のことをしっかり知ろうとしている人や、誠実に生きていこうとする人、広くアンテナを立てている人が使う言葉ではないのです。

そんな小さな言葉ひとつで、と思われるかもしれません。しかし、実は小さな言葉ひとつにこそ、人間は現れるものです。

言葉ひとつの使い方が自分を貶《おとし》める可能性があることに、気づいておく必要があります。

――安易な言葉を使っていませんか？

人間は、愚かで弱い生き物だ

こんな職業に就いている人の口から、こんな言葉が出てくるなんて。

そんな思いも寄らない経験をするのも、取材の醍醐味《だいごみ》のひとつです。そもそも読者にとって「こういう職業の人は、きっとこんなことを言うんだろうな」と思えることばかりが書かれたインタビュー記事では、ちっとも面白くありません。

したがって私にとっては、「こんな人がこんなことを言うなんて」という意外性を引き出すことが、取材の主眼のひとつだったりもします。

それがうまくいった実例が、この言葉です。

「人間は愚かで弱い生き物である」

哲学者や生物学者が言いそうな言葉ですが、そうではありません。これは、数多くの企業再生を手がけた、著名なコンサルタントの言葉です。ガチンコのビジネス現場を数多く見てきた彼の人間観が、結実したものなのです。

倒産や破綻《はたん》の現場をはじめ、人生の修羅場を迎えたとき、人間はその本性を現す。彼はそう言っていました。

どんなに社会的地位が高かろうが、屈強そうに見えようが、体力があろうが、異性にモテようが、超一流大学を出ていようが、出世が早かろうが、口がうまかろうが、結局のところ、人間は愚かで弱い生き物に過ぎないのだ、と。

ただし、愚かで弱いことに問題があるのではない、とも彼は言いました。大事なことは、それをしっかり認識することだ、と。そうすれば、愚かで弱いという前提で、自分自身を考える。

そして、愚かで弱いなりに努力をせねば、と思える。何かで常に律しておく。誘惑に打ち勝つために精神力を培う。思わぬ落とし穴に落ちる可能性も認識する。追い詰められると危険なので、時にはガス抜きもする。愚かさから少しでも脱却するために、強くなるために、努力を続ける……。

愚かで弱くても、いいのです。それを自覚さえ、できていれば。


――自分の弱さや愚かさを自覚できていますか?

「すべての人に正しい」選択などない

こんなふうにすれば、人生は間違いなくこうなる。こんなふうにやれば、簡単にうまくいく。もしも、そんな「モデル」や「方法」があるなら、きっと誰もが知りたいことでしょう。

しかし、私がたくさんの方々への取材で痛感したのは、成功に決まり切ったモデルなどない、ということでした。実際、マニュアル的に成功の方法論を捉《とら》えようとすることに、不快感を示される方も少なくありませんでした。そんなことは書くな、と。

もっともだと思います。なぜなら、同じことをしても同じ結果が出るとは限らないから。もとより、人はそれぞれまったく違う人生を歩んできているのです。生まれも、家族構成も、友達関係も、性格も、生きている時代も何もかも違う。ベースがまるで違うのに、同じことをしたからといって、同じ結果が出るはずがない。

成功するため、あるいは、うまくいくための答えなどというものはない、と私は思っています。ただ、ヒントはあります。そのヒントから、自分なりの答えを見つけ出していく。それこそが求められているのだと思うのです。

ある起業家は、日本の教育にも問題がある、と言いました。私たちが子どもの頃から教えられてきたのは、「問いかけには必ず答えがある」ということです。試験はその象徴です。必ず答えがある。しかも、全員同じ答えです。

ところが、人生はそうではありません。全員、答えが違うのです。時に、答えがないこともある。

ただ、彼はこうも言いました。だから、面白いのではないか、と。試験と違って、その場を切り抜ける解答がたくさんあるのです。試練の乗り越え方も成功の方程式も、ひとつではない。自分なりの方法で実行すればいいのです。

「すべての人に正しい」選択などない。それがわかれば、多くの人が、もっと力を抜いて生きられるのになぁ、と思います。

杓子定規《しゃくしじょうぎ》な答えなんて、実は人生にはないのです。

――ひとつの答えを、探そうとしていませんか？

あえて逆を行く人が、未来の王道を行く

こうすればいい、という答えを探そうとする人がどうなるか、どんな危険が待ち構えているか、語ってくれた人がいました。ある著名なプロデューサーです。「答え」を追い求めていくと、いつも世の中に振り回されることになる。答えは、コロコロと常に変わるから。それこそ最悪の人生だ、と。

彼のスタイルはむしろ逆でした。世の中が言っていることとは、逆の方向に向かうのです。もちろんそれはそのときの王道ではない。しかし、時間が経てば、それが王道になっていたりする。

仮に今の王道を貫こうとしたとしても、それがいつまでも王道であるとは限りません。気がついたらすでに旬の過ぎた王道、もっといえば、すでに王道ではなくなっているものを追い求めているかもしれないのです。

もちろん、逆の道を行ったらそれが王道に変わるわけではないかもしれない。しかし、時間をかけて待てばいいのだ、と彼は言いました。事実、彼は自らが手がけた大きなヒットから十数年後に、最初の成功とは違うやり方、しかも他の誰もやっていないやり方で再びヒットを飛ばします。時代を読んで狙ったりしたのではない。時代がこちらに向かってくるのを、彼はじっと待ち続けたのです。

「今、世の中で大きな声で言われていることと、真反対のことをせよ」

こう言っていた成功者は少なくありません。

就職人気ランキング上位の会社になど行かないほうがいい。今がピークかもしれないところに行って、これからどうしようというのか、と断言した人もいました。

私たちは、今の世の中が永遠に続くと思いがちです。しかし、世の中は間違いなく変わっていく。だから、「答え」に焦点を合わせてはいけないのです。

未来はわからない。ならば、自分の行きたい道を行けばいい。あえて逆を行ってもいい。逆に行くことになるなら、それを喜んだほうがいい。そのほうが、未来の王道に辿り着く可能性は高いのです。

――今がずっと続くと思っていませんか？

メディアが言うほど世間は悪くない

著名なジャーナリストから、びっくりするような言葉が出てきたことがありました。メディアを疑ってかかれ、と言うのです。

日本はメディアに対する信頼があまりに高すぎる、と彼は言っていました。メディアとてビジネスであることを忘れてはならないのだ、と。例えば、メディアは悪い面ばかりを伝えたがる。なぜなら、危機感を煽《あお》ったほうが、売れるからです。

実際、株価が急上昇したという見出しが躍った新聞は大して売れないけれど、株価が大暴落したと書かれた新聞はものすごく売れる。この傾向は、みなさんもイメージできるのではないでしょうか。大変だ、大変だ、と騒がれたほうが気になるのです。

しかし、これが続くとどうなるかというと、ネガティブなニュースばかりが溢《あふ》れることになるわけです。本当はポジティブなことが起きていたとしても、新聞は読者から支持を得ようと暗いニュースばかりを取り上げる、なんてことも起こりうる。いつも大変でなければいけない、とばかりに、です。

不況だ、就職がない、中小企業が大変なことになっている……。こうした情報が一方的に流され、不安感ばかりが広がる。しかし、本当にそうなのか。

ちなみにバブル崩壊後、中小企業といえば苦境のニュースばかりが聞こえていました。その頃、私は外車を何台も所有し、過去最高益を出し続けていた中小企業を何社も取材していました。しかし、そういう景気のいい話は大きなメディアではなかなか報じられない。そんな中でメディアが報じる話だけを信じてしまっていたとしたら……。

報道には何かのバイアスがかかっているのではないか、といった陰謀論のようなものが語られることもありますが、それも含めて疑ってかかることです。報じられていることを鵜呑《うの》みにしない。情報の一部としてインプットする。

実は外国の人たちに聞けば、これは彼らにとっては当たり前の発想でした。日本人にその感覚がないことに、驚かれるくらいです。

――大メディアが言っていることだから、と信じていませんか？

「国」と「国家」は違う

メディアと同じように、どうも日本人が過度に信用していると思われるものがあります。それは、国です。これも取材で教わったことでした。

もちろん、自分が生まれた国への誇りはあってしかるべきでしょう。しかし、「国」と「国家」はまったく違うものであると認識しておいたほうがいい、と教えてくれたのは、元大学学長の著名な先生でした。

国とは、変わり続けることなく存在している国土であり風土のことです。英語で言えば、country。しかし、国を表す英語にはもうひとつ、nation があります。これが、国家という権力機構です。国家は、人間を支配する構造であり、為政者です。

歴史を学べばわかるように、為政者は常に変わってきました。国家は、人々が何のためらいもなく愛する国とはまったく違うものであり、国と国家はしっかり区別せよ、と言うのです。なぜなら、人々の国を愛する気持ちを利用して、国家というものは時に暴走することがあるからです。

その危機感が実は起業のベースにあった、という経営者がいました。国家のみならず世の中で正しいと言われていることや立派だと言われていること、権威や大組織、世間体などを、すんなり受け入れられないのだ、と。

彼は幼稚園のとき、「先生に言われたからこうした」という話を父親にしたら、烈火のごとく怒られたのだそうです。「お前は先生に言われれば何だってするのか。人だって殺すのか」と。父親は戦争を経験していました。

実際のところ、それは極論ではありませんでした。ほんの70～80年前、国家に言われて日本人が人を殺しに海外に行った時代があったのです。第二次世界大戦を戦ったのは、日本という国家でした。人々が信頼していた国家が問題を起こした。国家という存在は、そういうことを起こしうる、ということです。

時に為政者は、自分たちの都合のいいように情報をも操作します。だから、常に冷静な目で世の中を、国を見ないといけない。それは、自分のためでもあるのです。

――国家に対しても、冷静な目を持っていますか？

自分はまだ成功していない

私は、社会的な成功を遂げた人にたくさんインタビューをしてきました。だからでしょうか、「そういう人はソファにふんぞり返って、偉そうに取材に応対するんじゃないか」という質問を受けることがあります。

しかし、実際にはそんな人はほとんどいませんでした。むしろみなさん謙虚で、腰が低く、礼儀正しく、サービス精神旺盛な人たちでした。

そう、みなさん「いい人」なのです。

もちろん、中にはソファにふんぞり返っているような人もいなかったわけではありません。しかし、そうした人たちはすぐにその地位から滑り落ちていきました。神様はよく見ているんだなぁ、と思ったことが何度かあります。

では、なぜ成功者たちは、「いい人」なのか。

それは、自分が成功したなどと、まったく思っていないからではないか、と私は気づきました。

外から見れば成功なのかもしれませんが、彼や彼女が目指すものは、もっともっと上にあるのです。本人たちにとっては、いつまでも「成功途上」なのです。

そして、社会的地位が高まるほど、誘惑も大きくなっていきます。まわりの人たちが平身低頭し、何でも言うことを聞くようになる。叱られたり、苦言を呈されることがなくなる。お金も入ってきて、できることが増えていく。

それでも〝勘違い〟することなく、平静でいられるかどうか。人間としての器が問われるのです。

次々にやってくる、たくさんの誘惑に試されても揺るがない人たちだけが成功し続けている、といってもいいかもしれません。

逆にいえば、もし権力やお金だけが成功のモチベーションになっていたとしたら、その時点でかなり危ない、ということ。

よくよく、気をつけなければなりません。


――権力やお金を得ることが目的になっていませんか？

今はいい時代だ

不況だ、経済が最悪だ、こんなにひどい状況はなかった、などと言われて、いったいどのくらいの年月が経過したのでしょうか。バブル崩壊から数えれば、もう30年にもなります。でも、そうした悲観論こそ世の中に振り回されている例、すなわち、大きなメディアに間違った情報を植え付けられている例かもしれません。取材をすればするほど、私はそんな実感を強くしています。メディアに報じられているほど、世の中が言っているほど、今はひどい時代なのでしょうか。

ある経営者は、しみじみと言いました。

「今の時代は、日本の歴史の中で、最も恵まれた時代じゃないか。最も豊かで、最も自由。かつてこんな時代が、日本の歴史にあったか、調べてみたらいい」

彼の主張はこうです。たしかに経済は低迷している。しかし、不況や株価低迷で命が取られるわけではない。だが、過去を見れば、飢餓に苦しむ地方都市を救おうと青年将校が決起したり、都市のど真ん中に空から爆弾が落ちてきた時代があった。それは、ほんの70~80年前のことだ。それを考えれば、これだけ平和な状況で文句を言っていてどうするか、と。

終身雇用や年功序列もなくなり、雇用の安定性が失われた、という声もありますが、ある大学教授はこんな話をしていました。

そもそも日本の歴史において、終身雇用や年功序列が実現していたのは、1980年代からの20年ほどに過ぎない。たった20年だけ実現していたものが、あたかも日本の文化であるかのように伝えられていたのが、おかしかった。言ってしまえば、あの時代が異常だったのであって、今が通常。勘違いをしてはいけない。

一方で、客観と主観の重要性を語っていた作家がいました。ある人にとっての10万円は大したことがないお金。でも、ある人にとっての10万円は本当にありがたいお金。同じ10万円でも、人によってまったく違って見える。時代についても、それと同じで、大きな幸せを実感できる人も、いつまで経っても幸せが実感できない人もいるのです。

——**自分で今を判断していますか？**

第2章

毎日

毎日を、どう過ごすか

充実させるべきは今日

40代の起業家にインタビューをしていたときでした。彼が突然、こんなことを言い出したのです。

「人生はいつまでも続くと思っている人が、多すぎるんじゃないかと思うんですよ。例えば、お正月はあと何回、味わえるのか。数えようと思えば、数えられるわけです。今日の夕食だって同じですよ。人生が終わるまでに、あと何回、夕食が食べられるのか。実は数千回しかないわけです。数千回も、ではないですよ。数千回しかない。それがイメージできれば、一食一食を大事にしようと考える。誰とご飯を食べるのかを、真剣に考えるようになる」

うまくいっている人たちに話を聞いていて強く感じたことのひとつに、この「毎日を大切にしている」ということがあります。

もちろん中長期でびっしりスケジュールが入っている人がほとんどですから、先のことを頭に入れているのは当然ですが、それだけではない。その日その日を大事にしているのです。

女性の起業家で、こんなことを言っていた人がいました。

「人生を充実させたい、と考える人はたくさんいますよね。だから、人生について、いろんなことを考える。でも、今日を充実させよう、と考える人は意外に少ないんです。実際には、人生は今日の積み重ねですよね。今日が充実していなかったら、人生は充実しないのに、といつも思うんです」

今日という一日を充実させるのは、心がけひとつでできそうだと思いませんか？　しかも、充実した今日の積み重ねが、トータルとしての人生の充実につながるのかもしれない。

年輩の大学教授も、同じようなことを言いました。

「人生はあっという間だよ。ボォーッとしていると、あっという間に過ぎてしまう。いつかの充実じゃなくて、今日の充実だよ。それなら誰でもできるんじゃないか」

――今日を充実させようと考えていますか？

勝負は日常が決める

子どもの頃にテレビで見ていた時代劇スターに取材をして、驚いたことがありました。将軍がはまり役でしたが、将軍を演じるために普段から心がけていたことがあった、というのです。それは、将軍たるもの、という気持ちを日常生活にも持ち込んでいたことでした。

例えば、安い居酒屋で酒を飲んだりしない。彼は若い頃から無理をして超高級レストランやクラブに出掛けたそうです。しかも、スタッフを引き連れて、です。演技といっても、いきなり人の上に立つ将軍役はできない。上に立つ人間か、上にしたがう人間かは、にじみ出てしまうものだから。普段から、その準備が必要だったのだ、と言います。

特別なときには、日常とは違う自分を出せばいい、と考えている人がいます。でも、実際はそんなことはできません。特別なときにも、結局出てきてしまうのは、いつもの自分だからです。

だから、特別なときではなく、日常をこそ大事にしている。そう語っていた成功者は少なくありませんでした。

規則正しい生活を送る。礼儀正しい態度を心がける。相手を気づかい、相手の立場を常に想像する。寛容の精神を持ち、広い心で物事を眺める。時間を守る。いつも感謝の気持ちを持つ……。それこそ小学校で教えられるような基本的なことです。

しかも、家族の前でも、友人の前でも、他人の前でも、顧客の前でも態度は変わらない。

しかし、こうした基本をしっかりしようと意識している人が、実は驚くほど少ないのだ、と成功者は口を揃えます。

もし自分を変えたいなら、日常から変える必要があります。何気ない日常にこそ、すべてが宿るからです。急に普段と違う自分を出そうとしても、知らずしらずのうちに、いつもの自分が出てきてしまうのです。

——**素の自分は隠せない、と知っていますか？**

人は挨拶でわかる

著名な方々にたくさん取材をしていると、いくつも共通点を感じますが、そのひとつに挨拶があります。

挨拶がとてもちゃんとしている人が多いのです。

テレビで見ていた有名な方が、頭をぺこりと下げて、今日はよろしくお願いします、と謙虚に挨拶をされる。思わずファンになってしまったことも少なくありません。

人の第一印象というのは、最初の挨拶ひとつで決まってしまうことがほとんどです。そして第一印象がよくない人と、また仕事をしたいと思う人は少ないでしょう。逆に気持ちよく挨拶されれば、極めて印象はよくなります。これだけでも、得点は大きくアップする。

それこそ子どもの躾《しつけ》の基本のひとつが挨拶ですが、大いに意味があったのだと改めて気づかされました。相手にいい印象を与えることは、人間関係において極めて重要なのですから。きちんと挨拶ができなかったせいで、敵と間違えられて命を落としてしまった時代もあったのです。挨拶は、命にも関わるということです。

ある外資系企業のトップが面白い話をしていました。昇進の判断材料のひとつとして、きちんと元気よく挨拶ができるか、を重視していたというのです。「外資系企業の昇進の判断材料に挨拶？」と思ったのですが、彼は大まじめでした。

朝のリーダーの挨拶ひとつで職場の雰囲気はがらりと変わる。元気な挨拶ができないようなリーダーを持ってしまったら、そのフロアのメンバーは不幸になる。だから、元気な挨拶ができるかどうかを、しっかりチェックしていたのだ、と。

たかが挨拶くらいで、と思われるかもしれません。でも、こういう小さなところでこそ、実は人は大きなチャンスを手にしたり、失ったりしているのです。それを私は取材でよく感じました。

挨拶はその典型例です。きちんと挨拶ができない人に、成功者はいない。こう言い切ってもいいと思っています。

――元気よく挨拶をしていますか？

人間の真価が問われるのは、たったひとりになったとき

取材で引き出せた内容が、必ずしもすべて記事にできるわけではありません。ものすごくいい話だったのに、字数の都合でカットせざるを得なくなることもあります。

また、取材対象者の意向で内容が修正されてしまうこともあります。

私自身はとても感激したのですが、「こんな当たり前の話はあえて記事にされると恥ずかしい」と言われて記事にできなかった、ある外資系企業トップの話があります。これが本邦初公開ということになります。

彼はこう言いました。

「人間の真価が問われるのは、たったひとりになったときだ」

例えば、何らかの理由で無人島に流されてしまったと想像してください。まわりには誰も人がいない。

こういうときに、どういう生活態度を示せるか。そこにこそ、人間の本当の姿は現れる、と。誰も見ている人はいないわけですから、始終したいようにして過ごしても構いません。あまりの不安から、泣き叫び、地団駄を踏んでも構わない。四六時中、ダラダラと眠っていても構わない。誰も注意しないし、呆れる人もいないからです。

それこそ、乱れようと思えば、どこまででも乱れてしまえるのが、無人島でのたったひとりの暮らしでしょう。

ところが、そんな極限状態であってさえも、自分を律することができる人がいる。きちんと朝早く起き、顔を洗い、何らかの方法で歯を磨き、日常を始めようとする人がいる。これこそが、正しい人間のあり方であり、そういう人間に自分はなりたい。彼はそう言っていました。

あえて無人島という極端な例を引きましたが、つまりは日常生活でも「ひとりの時間」をどう過ごすかが極めて重要になる、という話です。

人が見ていようが見ていまいが、自分がやるべきことをやれるかどうか。常に、自分自身を律することができるかどうか。それが問われているのです。

——**どんなときでも自分を律せますか?**

普段、気の利かない人間は、本番でも気が利かない

私がインタビューする相手は著名人に限りません。

中には新入社員や、就職活動をしている、あるいはこれからしようとしている大学生もいます。

あるとき大学生が、就職活動をめぐるインタビューでこんなことを言っていました。自分は本番に強いタイプだ、本番の面接になればちゃんと気が利くから、まったく心配していない。本番さえ、うまく乗り切れば大丈夫だ、と。

私は話を聞く役ですからこのときは黙っていましたが、後になって、やっぱり言ってあげたほうがよかった、と後悔しました。普段、気の利かない人間は、本番でも気が利かない。そういうものですよ、と。

だから、牛丼店などのテーブル席で、食事が終わっているのに、ペチャクチャとお

しゃべりをしながらお昼の時間を占領しているリクルートスーツ姿の学生を見ると、思わず声をかけたくなってしまいます。そんなところにいつまでも座っているようでは、就職活動はうまくいかないよ、と。

ファストフード店は、いかに客を回転させることができるか、で収益を上げています。なのに、いつまでも居座っている客がどのくらい迷惑か。これから就職して社会に出ようとする学生なら、そのくらいのことは想像し、配慮ができてしかるべきだと思うのです。

そういう想像力を働かせることもなく、傍若無人《ぼうじゃくぶじん》に過ごしているとすれば、あまりに心配です。もっとも、気が利かない先輩社会人が多いのも大きな問題ですが。

本当に気が利く人とは、そうした日頃の小さな場面でも、常に気を利かせられる人です。

小さな場面で気が利かない人は、大概の場面で気が利かない。

気くばりのアンテナは、日頃から感度を高めておかないと、いざというとき使い物にならないのです。

――日頃から、気を利かせていますか？

受かると思っていない面接は落ちる

就職支援の世界でカリスマと呼ばれている方に取材をして、ハッとしたことがあります。

私は書く仕事のスタートを、リクルート・グループで始めました。当時は、紙の求人メディアがあり、そこに掲載される求人広告の制作をしていたのです。退職後、フリーランスになって（転職した会社が倒産してしまい、再就職もかなわず、なし崩し的にそうなったのですが）、会社員時代と同じように求人広告の制作をしながら、同時に求人メディアの編集記事を作るようになっていきました。

求人メディアですから、いかに就職や転職がうまくいくか、さまざまに応援していく記事が主体でしたが、考えてみれば私自身、就職活動は極めて苦手だったのでした。新卒での就職は、志望していた会社にも業界にも入れてもらえず、親しかった先輩に拾ってもらう有様でした。その後の転職活動も、決してうまくいったとは言い難かった。そんな私が、就職や転職を支援する記事を作っていたのですから、なんとも皮肉な話です。

しかし、だからこそ、悩んだり、苦しんだりしている人たちのお役に立てるかもしれない、という気持ちを強く持っていました。それこそ、読者の気持ちになって、私は取材に行っていたのです。そんなときに聞けたのが、そのカリスマの話でした。もちろん、いろいろな話があったのですが、私が最も印象に残ったのがこれです。

「受かると思っていない面接は落ちる」

まさに至言《しげん》だと思いました。自分は就職のとき、これができていなかったのか、と思い出しました。面接官は多くの場合、誰かを落とさないといけない。そのとき、誰にするか。真っ先に浮かぶのは、自信のない人です。もうこの時点で勝負はついていたということです。

そしてこれは、あらゆる場面に当てはまります。うまくいくと思わないと、うまくいくものもうまくいかないということです。

――どうせうまくいかない、とあきらめていませんか？

毎日必ず「ひとりで考える時間」を作る

20代の起業家にインタビューして、驚いたことがありました。年齢の割に大人びているな、という印象を持ったのですが、とにかく徹底的に自分と向き合い、常に自分のことを知ろうとしていたのです。

会社の経営は、本当に大変です。事業、人材、資金、顧客……。ありとあらゆる課題が常にあり、それらに対峙《たいじ》しなければいけない。

昇進を重ねて社長になった人が驚くのは、副社長と社長はまるで違う仕事だった、ということです。副社長には社長という後ろ盾がいますが、社長の後ろにはもう誰もいない。とんでもないプレッシャーです。

みなさん本当に激烈な日々を過ごす中、多くの経営者が大事にしている時間があります。それが、ひとりの時間です。どんなに多忙でも、一日のどこかにひとりで考える時間を作るように秘書にお願いしている、という人が少なくありませんでした。

ところが、社長に比べれば忙しくない一般のビジネスパーソンたちのほうが、意外にひとりになる時間を作っていない。

若い起業家は言っていました。自分の感情とずっと向き合ってきた。いろいろな感情に襲われたとき、どうしてそんな感情に陥ったのか、ひとりになって自分を分析し、メモにして言語化を試みていたそうです。それが自分を強くしてくれたのだと。

あらゆる感情には理由がある。それをぼんやりとしたままにせず、突き詰めていく。誰もが日々、いろいろな選択をしています。そこには、必ず選択の基準がある。

では、その基準とは何か。それを意識し、そこに気づいていくことこそ、自分を理解することにつながるのです。

若い人がひとりになりたがらないのは、ひとりになれば自分に向き合わざるを得なくなるから。そうすれば、どうしても自分の未熟さや無力さばかりに目がいってしまう。ひとりになりたくない、合理的な理由があるわけです。

だからこそ、意識してひとりになる必要があるのです。

——ひとりになって日々の感情を整理できていますか？

「何も持っていないこと」が武器になる

ひとりの時間を作り、自分と向き合うときに、注意しなければいけないことがあります。それは、自分のいい面ばかりを見てはいけない、ということです。

若い学生とたくさん接してきた大学特任教授は、こう言いました。

「人間が内面的な豊かさを持っていない時期、もっといえば成熟していない未熟な時期に、自分と向き合うことは、実は極めてつらい。だけど、それをやらなければ伸びない」

自分の強みだけでなく、欠点や弱さにもしっかり向き合うことが大切になる。なぜなら、時には、弱みも大きなパワーにできるからです。

ある映画監督の言葉です。

「自分は何も持っていなかった。社会のまっとうな生き方にも乗ることができなかった。かといって、アウトローとして生きていく才能があるとも思えなかった。では、どうしたか。何も持っていないというコンプレックスをバネにすることにした」

ネガティブなコンプレックスを、自分が邁進していく武器にする。こういう生き方だってあるのです。

ある外資系トップは言いました。

「会社のトレーニングでは、その人のすぐれた点も指摘してくれるが、伸ばすべき点も指摘される。そのフィードバックをどれだけ素直に受け入れ、受け止め、努力できるかで、後のキャリアは大きく変わる」

自分の欠点や弱さを、受け止められない人、避ける人、嫌う人は、その時点で限界が来ることが多いということです。

そして自分の弱さに気づいていれば、他人の弱さにも寛容になれます。弱点はあっていいんだと認めてあげられる、細かなミスに声を荒げたりしない……。そういう人が、まわりにいませんか。

それはおそらく、自分と向き合えている人たちです。

――自分の弱みから目をそらしていませんか？

自分の弱さを人に伝えよ

自分の弱さに向き合うと、別のメリットもあります。それは、対人関係において、時に弱さ自体が強みにもなるからです。

ある経営者は言いました。

「リーダーは、弱くてもかまわないのだ」

私はびっくりしてしまいました。

リーダーといえば、カリスマ性を持ち、グイグイと人を引っ張っていく、といったイメージを持たれやすいものです。しかし、そうしたタイプのリーダーが果たしてどのくらいいるか、といえば、ほとんどいないのではないでしょうか。

それ以外のリーダーは、苦労しながら試行錯誤しながら懸命に人を引っ張ろうとしている。実はそれが現実ではないか、と彼に教えられました。

そしてこのときに、弱さや不完全さが、大きな意味を持ってきます。「頼りなくて申し訳ない」と謙虚に言われたら、何かサポートしてあげようと思うものです。

「オレは営業は得意なんだが、戦略を考えるのは実は得意ではないんだ」と上司が明かしてくれたなら、部下はそれをフォローしようとするでしょう。

ただし、それはリーダーが自分の弱さや不完全さを認めているとき、その弱点にしっかり気づいているときです。オレは完璧だ、などとふんぞり返っているときに、リーダーをフォローしようなどという部下は現れないでしょう。

自分の弱さや不完全さを認められるリーダーというのは、なかなか素敵でもあります。リーダーに限らず、自分の弱さをさらけ出せる人は、本当に強い人だ、ということを多くの人が知っているからではないでしょうか。

その意味でも、弱さや不完全さに、真正面から向き合うべきなのです。

その認識をはっきり持っているだけで、強い人間であると、まわりに伝えることができると思うのです。

――自分の弱さを隠そうとしていませんか？

〝五感〟で選べ

就職や転職を応援する仕事をしていた、と先に書きました。その仕事で勉強になったのは、どうやって自分にぴったりの会社を探すことができるのか、いろいろな識者から、いろいろな角度で話を聞けたことです。

その中で一番、私が納得できたのは、フランス人のキャリアデザイナーのアドバイスでした。

「会社は、〝五感〟で選ぶのがいい」

事業の将来性、仕事の醍醐味、自分の興味など、いろいろな切り口がある会社選びですが、何より忘れてはならないのは、おそらく家庭よりも長い時間を過ごす場所が会社だ、ということです。にもかかわらず、居心地の悪い会社、窮屈に感じる会社を選んでしまったなら……。

どんなに大きな夢を描ける事業でも、面白い仕事でも、まったくウマの合わない同僚や上司と一緒に仕事をするとなると、どうでしょうか。

逆に、仕事の魅力はもうひとつよくわからないし、将来性もはっきりとは見えないが、なんだかものすごく自分に合っている気がする、という会社があったらどうか。

端的にいえば、後者を選べ、というわけですが、このときに重要になるのが、〝五感〟だというのです。

評判よりも目で見たオフィスの印象を重視する。ホームページの紹介文ではなく、面接官の言葉や話し方から会社の「正体」を探る。

ところが、この五感が日本人はびっくりするくらいダメになっている、と彼は言いました。五感が死んでしまっている。みんな意識もしていない。本能としての緊張感がない。ジャングルに放り込まれたら、瞬時に動物に襲われるだろう、と。

五感を目覚めさせ鋭敏にする。その最良の方法は、季節を感じ、自然を感じることだそうです。コンクリートを離れ、森や公園に出掛ける。深呼吸し、風を感じ、鳥の声に耳を傾け、旬の物を食べる。そんな時間を、持っていますか。

――季節や自然を、ちゃんと感じていますか？

Cool Head, but Warm Heart

あるとき、ハッとしました。

もしかすると、うまくいく人たちが毎日を過ごすメンタリティとはこういうものかもしれない、それに最もぴったり来るのはこれではないか、という言葉に出会えたからです。

経済学者ケインズの師、アルフレッド・マーシャルが残した次の言葉です。

"Cool Head, but Warm Heart"

私なりに解釈すると、こんな意味でしょうか。

世の中で起きている現実は、極めて冷静に見る。もっといえば、醒《さ》めた見方をする。

クールに、冷徹に考える。過剰に期待をしたり、過大な評価をしたり、勘違いをしたりしない。

一方で、心は常に前向きに、熱く保つ。知識やロジックだけで行動せず、情熱を失わず、誰かのために仕事をする。自分の幸運さ、幸せ加減を噛《か》みしめる。

意外と難しいものです。人は厳しい状況に直面したとき、それを冷静に受け止めることなどできません。悲嘆にくれ、ネガティブ思考に陥ったりもするでしょう。

そんな状況で、はたしてどれだけの人が心を失わずにいられるでしょうか。与えられた使命を自覚して、運命に身を委ねる。そして正しく、一生懸命に生きようとする。ご縁や偶然の意味を理解しようとする。

大事なことは、"Cool Head"だけでもないし、"Warm Heart"だけでもないということ。"Cool Head"と"Warm Heart"が両方バランスよく、いつもきちんと自分の中で働いているということです。

シンプルな言葉です。

しかし、簡単に聞こえても、実践するのは極めて難しい。だからこそ、いつも頭に入れておかなくてはいけないと思います。

――冷静と情熱を併せ持っていますか?

第3章

仕事

仕事を、どう捉《とら》えるか

誰かの役に立つことを、仕事と言う

そもそも仕事とは何なのか。

幸運にも、仕事やキャリアをテーマにした取材を長く続けてきたことで、そんな素朴な疑問に、私は何度も向き合うことになりました。

私自身が就職活動で失敗していたり、転職していたこともあって、「仕事の捉《とら》え方」への興味は、俄然《がぜん》大きなものになったのでした。

成功者の仕事観を聞いて思ったのは、根本的なスタートラインが違うのではないか、ということでした。ほとんどの人にとって、仕事は生活に必要なお金を稼ぐ場であり、自分の能力を発揮する場であり、自己実現を果たす場であり、社会的に所属する場。

もちろんそういう要素が彼らにもないわけではないのですが、それ以上に大きいのは、次の視点だったのです。

「誰かのために役に立てるか」

多くの人が自分視点で考えているのに対して、成功者の多くは相手視点で考えていたということです。つまり、仕事の受け手から発想している。

この仕事はどんな人の役に立てるのか。その人たちは、どんなことを考えているのか。どんなことを課題としているのか。どんなことに悩み、困っているのか。

それに対して、自分は何ができるのか。何をすれば、最も役に立てるのか、最も喜ばれるのか。

常に仕事の受け手を第一義に考える。その仕事が誰のためのものなのかを強く意識する。自分のためではなく、その誰かのために仕事をしようとする。だから、結果が出せるのです。結果をもたらすのは、仕事の相手に他ならないからです。

仕事とは何か。シンプルにこう表現する経営者もいました。

「誰かの役に立つことを仕事と言う」

受け手がいるから、仕事はある。誰かの役に立てるから、報酬は得られる。自分のためだけの仕事はないのです。

――第一に、仕事の受け手のことを考えていますか？

誰かのために仕事をすれば、結果が変わる

思えば私自身が、20代は働くことのなんたるかが、まったくわかっていませんでした。思いだけはギラギラして、いわゆる社会的な成功や、お金を稼ぐことに対して強い憧れを持っていました。

大学時代、目指していたのは広告業界でした。きっかけは、テレビＣＦの制作現場を舞台にした映画を見たこと。それから、大学の先輩に広告会社の存在を教わったことでした。もし、目指す会社に入れれば、華やかな世界に身を置けて、きっと自分にたくさんいいことがあるに違いない、と思っていたのです。

そんな自分勝手な動機が見透かされてしまったのか、私は就職活動に失敗します。結果的にアパレル業界に身を置くのですが、どうしてもあきらめ切れず、リクルートが新しく立ち上げた広告制作会社に転職を決め、広告制作の仕事に就きました。

20代だった私は、実績を挙げ、評価を得て、少しでも成功に近づきたいと、ガムシャラに働きました。例えば、社内の広告賞表彰で上位を狙う。ところが、頑張っても頑張っても、思うような結果は出せませんでした。

今になって、その理由がわかる気がします。私は、とにかく賞を狙おうと仕事をしていたのだと思うのです。自分のために働いていた。それが、評価する側に伝わってしまっていた。極めて身勝手な動機が、仕事に出てしまっていた。

その後フリーになって、思いがけない経験をすることになります。仕事は広告から編集系の記事に移っていましたが、次々に賞をもらうことになったのです。

いったい何が変わったのか。これこそが、「誰のために仕事をしていたか」でした。私は自分のためではなく、読者のために仕事をしていました。読者にとって、いかに役立つ面白い原稿が作れるか。とにかくそれを意識する。だから、評価を受けられたのだと思うのです。

以後、私は幸運な仕事に次々に出会うことになります。自分でも、思ってもみなかったキャリアを切り開いていくことになるのです。

――自分のためだけに仕事をしていませんか？

〝夢〟と〝志〟は違う

自分のための仕事と誰かのための仕事。これがどう違うのか、極めてよくわかる対談の場に、私は居合わせたことがあります。

ひとりは今や世界的に知られる日本企業の経営者。もうひとりは、彼を若い頃から知る恩師の元大学教授。

二十数年前、当時から有名だったこの教授のもとに、無名時代の経営者はよく出入りをしていたのだそうです。そして、さまざまな教えを乞うた。中でも最も鮮烈に覚えている話がある、と経営者は語り始めました。こう言われたのだ、と。

「君は〝夢〟と〝志〟の違いを知っているか。〝夢〟というのは、漠然とした個人の願望。ピアノを持ちたい、いい車に乗りたい、家を持ちたいというのは、みんな夢だ。

でも、そんな個人の願望をはるかに超えて、多くの人々の願望、夢を叶えてやろうじゃないかという気持ちを〝志〟と言う。だから、志と夢では、まったく次元が違う。夢を追う程度の男になってはいかん。志を高く持て」

当時20代で駆け出しの経営者だった彼にとって、この話は衝撃的だったと言います。以来、ベンチャー企業を大成功させ、今なお人々が驚く積極果敢なチャレンジを続けています。

他にも志の重要性を語る経営者は多くいました。たかだか自分レベルの小さい夢のために働くのではなく、もっと大きなスケールで、自分はこれで社会に貢献するんだ、という志をこそしっかり持て。社会のため、日本のために働きなさい、と。

志を持つ利点は、仕事をする目的に迷ったら原点に戻っていけることです。もし、お金やモノが目的なら、それを得た瞬間に立ち戻る場所はなくなってしまう。誘惑に負けてしまいかねない。

そして志は、人を、さらには仕事を引きつけてくれます。いったい誰が個人の夢の実現のために頑張ってくれるでしょうか。共感した志があるからこそ、部下も仕事仲間も、ついてきてくれるのです。

――どう社会に貢献するか、志を持っていますか？

「好きなこと」を探すな

ちょうど私がリクルート・グループで仕事をし始めた頃から、次第に転職というものが特別ではなくなっていきました。それにつれて注目が集まったのが、「次の仕事をどう選ぶか」「どうすれば、満足のいく仕事に出会えるか」といったテーマでした。そのひとつの答えとして、大きな支持を得たのが、「好きなことを仕事にする」というものだったのではないかと思います。

あれから20年以上かけて、この「好きなこと探し」は一般化してしまったような気がします。好きなことを仕事にしなければいけない、と強迫観念を持つ人たちすら現れた。さらには、それが見つけられず、「好きなことはどうすれば見つかりますか」と悩む人まで出てきてしまいました。

実際、好きなことを仕事にして成功し、好きなことをやるのが一番いい、と語っていた人がいたのも事実です。しかし一方で、好きなことを見つけるのは、簡単ではない、というのも事実。しかも、それが仕事になる、ということになると、もっと難しい。

あるジャーナリストは、こう言いました。

「好きなことはそもそも簡単には見つけられない。だから、それを探すのが、人生の意味なのだ」

そしてもうひとつ、たくさんの人に取材して感じたことがあります。好きなことを仕事にして、より幸せになった人もたしかにいましたが、まったく関係がなかった、という人も決して少なくなかったのです。

むしろ、好きなことを仕事にしないほうがいい、という人もいました。それは趣味で取っておけばいい、と。

好きなことでなければいけない、好きなことでなければうまくいかない……。そんなふうに考えてしまうことのほうが、実は危険なのです。

――仕事は好きなことでなければ、と思い込んでいませんか?

それを好きになりなさい

大企業のトップたちは、いろいろな仕事を経て、今に至っています。そもそも大きな会社では、自分で仕事が選べないことが多いからです。

商品企画の仕事がしたくても、最初は財務に配属されるかもしれない。マーケティングの仕事を希望しているのに、営業に回されてしまうかもしれない。こうしたことがずっと続くわけです。

もし、本意でない仕事、やりたくない仕事を担当することになった場合、どうするのか。多くのトップが、とても興味深いことを語りました。口を揃えたように、「その仕事を好きになろうとした」と言うのです。好きなことをやるのではなく、出会った仕事を好きになろうとしたのだ、と。

どんな仕事でも面白い面は必ずあるものです。それを探す。やったこともない仕事が本当に面白いのか、そうでないのか、わかるはずがありません。好きだと思える仕事も、単なる自分のイメージで言っているだけで、実際には違うかもしれない。好きになれないかもしれないわけです。だから、まずは好きになろうとしてみる。楽しもうとしてみる。

仕事に関わる取材を長く続けてきて、改めて思ったことがあります。最もいい仕事との出会い方は、実は偶然だったりご縁だったりするのではないか、ということです。頭で考えようとするのではなく、先にも書いた「五感」で前に進んでみる。偶然やご縁に何かの意味があると捉えて、まずはやってみる。そういう出会いのほうが、むしろうまくいく確率は高いのではないかと思うのです。

私自身、子どもの頃から作文は大嫌いでした。それが、広告制作会社に入り、コピーライターになったのがきっかけで、流れ流されて今に至っています。文章を書く仕事に就くなんて、夢にも思っていなかったのです（本当です）。

自分で思いつけるのは、所詮は想像の範囲の話。むしろ運命に委ねてしまえば、思いも寄らない人生に導いてくれるかもしれないのです。

――頭で考え過ぎて、人生の可能性を狭めていませんか？

「70点主義」で行く

「異動したら、毎日午前0時、1時まで仕事をしている部署だったことがあった」

過去を振り返って、そう語り始めた経営者がいました。ところが、この経営者はさっさと午後6時には帰ってしまうことにしたのだそうです。

どうして、みんなが遅くまで残業していたのか。それは、仕事に完璧を求めていたからでした。一方で、彼が早く帰れたのは、仕事に完璧を求めなかったから。

例えば、何かを判断するとき、その場で決定してしまう。問題を先送りし、後で材料が揃ってから判断しよう、という対処をしない。どうしてそんなことができるのか、と部下に聞かれて、彼はこう答えたそうです。

判断が100点かどうかはわからない。でも、それでいいじゃないか。そもそも、判断が100%正しいなんてありえない。しかも、これだけ社会の変化が激しい時代に、考えに考えた末に、決めた時点で世の中は変わってしまっているかもしれない。いい話だな、と思いました。学校の試験の影響も大きいと思うのですが、みんな100点満点を求め過ぎてしまうのです。でも、試験と違って、世の中は100点なんてそうそう取れない。

だから、70点主義でいいのだ、と彼は言うのでした。

ある程度行ける、と思ったら、結論を出して一歩踏み出す。その通りに行けばそれでいいし、そうでなければ方向転換すればいい。方向転換をしながら、ゴールに近づいていく。その方向転換のスピードを、徐々に速める努力をする。

面白かったのは、これは就職も同じだ、と言っていたことです。みんないきなり100点を会社に求めようとする。でも、そう簡単に巡り会えるものではない。だから、70点主義で行く。そこから始めればいいのだ、と。

また、こうも言いました。「若いときは、間違ったって払うコストは大したことない。失うものがないんだから」と。たしかに、40代、50代では後戻りできないことも、20代、30代なら可能。人生は長い目で、100点に近づけばいいのです。

――最初から満点を求めようとしていませんか？

危機はラッキー

かつて起業家に憧れているという若い人にインタビューをしていて、あっけに取られたことがあります。

彼はこう言っていたのです。起業家になりたい。でも、ジェットコースターのような人生は嫌だ。平和に安穏《あんのん》と過ごしたい……。

いったい起業家という職業のどういうところに憧れたのか、しつこく問いただした結果、地位は手に入れたいけれど、大変な思いはしたくない、という考えでした。

改めて言うまでもありませんが、仕事というのは、ただじっと日々を過ごせば成果が上がるというものではありません。いろいろな状況の中で、いろいろな学びを得ることになる。そして成長する。

とりわけ、人を大きく成長させるのは、危機的な状況である、と語っていたのは、日本の大手企業を再生させた外国人経営者でした。

ひとたび危機的状況に陥れば、自ら必死で抜け出す方策を考えなければならない。シビアな折衝《せっしょう》も行わなければならない。これが、大きな成長につながっていく。苦しみから逃げたら成長はないのです。

だから、成長意欲の高い人は、あえて危機的状況に飛び込み、自らを成長させようとします。これが、さらなる成長を呼び、大きな仕事を呼び込む。

実際、仕事で成果を出していた人たちに、ずっと順風満帆で来ました、という人はひとりもいませんでした。誰もが危機的な状況や大きな壁を何度も何度も経験し、一皮も二皮もむけて、力をつけてきたのです。

事業経営を「下りのエスカレーターに乗っているようなものだ」と喩《たと》えた起業家もいました。じっとしていれば、落ちていく一方。経営とは、かくも大変です。その一端を担う会社員も、厳しさは同じだと思うのです。

しっかり成長しないと、それはそのまま落ちていくことを意味している、ということ。楽な道などないのです。

——苦しい状況から、逃げていませんか？

第一志望の会社に入るな

就職活動に失敗した。第一志望の会社に入れなかった。不本意な業界に入らざるを得なかった……。誰もが希望通りに行くわけではないといっても、ショックです。こういう思いを長期にわたって引きずってしまう人がいます。

一方で、面白いデータを人事コンサルタントから教わりました。ある会社で次世代リーダーの育成モデルを探っていて、びっくりするような事実がわかった。出世コースの先頭を走っている人たちを調べてみると、ある共通項があり、それは「第一志望で入社していないことだった」と言うのです。

第一志望の会社に入ると、意外な落とし穴が待ち構えている、とも彼は語っていました。目標を達成した気になってしまい、入ってから伸びず、伸びようとする意欲もない、と。

逆に、不本意ながら入社した人の場合、不満もあるけれど、だったら自分でこの会社を変えてやる、踏み台にして大きくステップアップしてやる、と伸びるケースが出てくるのだそうです。

第一志望の会社に入ることが、必ずしも人生にプラスになるわけではない、ということです。ましてや今は、入社後も定年まで安泰《あんたい》でいられるとは限らない時代。会社が途中で傾いてしまうかもしれないし、リストラの危険もつきまとう。

最も危険なことは、自分自身が成長できないことです。それでは、自社のみならず、他社でも使い物にならない。第一志望に入れたと喜んで、その後の成長意欲を失ってしまうと、むしろ大きなピンチを招きかねない。

ちなみに、早期でリーダーに選抜された人の共通項の第二は、若いうちに修羅場を経験していること。そして第三が、海外だったり、まったく違う事業をしている子会社であったり、異文化の中に放り込まれた経験があること。要するに入社前も入社後も、苦労をしてきた人、ということに他なりません。

つらい思いや苦しい思いは、長い目では大きなプラスになるのです。

――思うような就職ができなかった、と引きずっていませんか？

アイディアは「会話」から生まれる

アイディアというと、何かのひらめきでポンと出てきて、「おお、それだ」と勢いよく支持されていく……、などというのが、私が持っていたイメージでした。

ましてや芸術家のアイディアとなると、洒落《しゃれ》たデスクの上でひねり出されていく。そんな想像をしていました。しかし、取材したあるアーチストは、驚くべきことを口にしたのでした。

「アイディアは会話から出てくるんですよ」

何人もディスカッションに加わり、アイディアはチームで出す、と言うのです。

どうしてコミュニケーションが必要なのか。その理由はこうでした。

もともと人間の脳の中には、いいアイディアの素が潜んでいる。ところが、それは、そう簡単には取り出すことはできず、自分で取り出そうにも、脳のどこにあるのかも、わからない。

それが、何人ものスタッフで、ああでもない、こうでもない、といろいろな角度から話をしているうちに、思ってもみなかったキーワードが出てきたり、過去のエピソードを思い出したり、ハッとするようなイメージが浮かんできたりする、と。

ひとりでうなっていても出てこなかったことが、コミュニケーションによって取り出せる。

考えてみれば、たしかにそうです。しゃべろうと思って出てくることと、聞かれて出てくることとは、まったくレベルが違う話になることはよくあります。聞かれるからこそ、脳の奥底から出てくる話、というものがあるのです。

私はこの話に、思わず目からウロコが落ちたのでした。要は、ひとりでウンウンうなっていても限界がある、ということ。大勢で話したり、誰かに聞いてもらうことで脳が活性化されるのです。

実際、後で聞き直すために、取材中に自分のレコーダーを回している人もいました。気づいている人は実はいるのだな、と思いました。

――人に話を聞いてもらっていますか？

できるかできないか、ではなく、やるかやらないか

大企業のエース級社員にインタビューをしていて、意外な言葉に出合いました。どうして、このような実績を挙げることができたのか、という私の問いに、彼はさらりとこう答えたのでした。

「できるかできないか、は関係がないですね。結局、やるかやらないか、なんですよ」

人は何か新しい仕事を振られたとき、まずそれができるかどうかを考えます。フリーランスの私もそうです。できないことをできると言ってしまったら、もしかしたら取り返しがつかなくなるかもしれない。

しかし、まったく違う仕事観を持っている人もいます。起業家やスポーツ選手などからも同じようなコメントをもらったことが少なからずあるのですが、「できるかで

きないかを考える前に、まずはやってみる」と言うのです。

できるかできないか、で判断をしてしまったら、できることしかやらなくなってしまう。しかし、とりあえずやってみるのだ、と決めてしまえば、できなくてもやるしかなくなる。こうやって自分を追い込んでいく、というわけです。これが、大きな成長をもたらすのです。

もしかすると、考え方の回路の違い、なのかもしれません。「今できるかどうか」という発想ではなく、「これを機会に、できないことができるようになるかもしれない」という発想です。

自分にはできないから、といって、新しいことになかなかチャレンジしない人がいます。しかし、その発想を続けていたら、いつまでたっても前には進めません。やってみないと、できるようにはならないのですから。

もし私が上司だったら、やってみる部下に仕事を振るはずです。もし、誰かリーダーを担ぐとしたら、やってみるリーダーについていきたいと考える人が多いはずです。やってみる人に、なったほうがいいのです。


――できるかできないか、から考えていませんか?

自分の上司は自分

早くから抜擢《ばってき》される人と、そうでない人とは何が違うのか。そんなテーマで経営者にインタビューをしていて、なるほど、と思う答えをもらったことがあります。

「早く部長になる人は、課長のときに、すでに部長になったつもりで仕事をしているんです。時には、部長に代わって自分が意思決定をしてしまう。そうすることによって、部長はひとつ意思決定をしなくて済むようになるわけです」

会社組織においては、ポジションが上がれば上がるほど、意思決定しなければいけない場面が増えていきます。ひとつでも多く、部下がそれをカバーしてくれたとすれば、上司はぐっとラクになる。

「そうなれば、コイツにどんどん仕事を任せよう、ということになって、部長は自然と仕事を委ねていく。すると、当たり前のように、その人に部長の任がやってくるというわけです」

わかりやすく課長と部長を例にしましたが、これはどんなポジションでも同じ。早くリーダーに抜擢される人は、フォロワーのときからリーダーのつもりで仕事をしようとします。

では、逆はどうでしょうか。

上司になんでも「報《ほう》・連《れん》・相《そう》」をして、いつまでも手間をかけさせている。サポートの意識などなく、上司から何がしてもらえるか、ばかり考えている。リーダーには リーダー、フォロワーにはフォロワー、それぞれ違う役割がある、と思い込んでいる。仕事への当事者意識が薄い……。こんな状況では、いつまで経っても信頼されないし、抜擢されることはありません。

無理に肩に力を入れる必要はありません（それこそやり過ぎると、意図が見え見えになって逆効果になりかねません）。ほんのちょっとでいいから、上司になったつもりで仕事に向かってみる。それだけで、やっている仕事の景色がずいぶん変わって見えてくるはずです。


――リーダーになったつもりで、仕事をしていますか？

人と戦うな、自分と戦え

営業成績がオープンにされ、営業員たちがしのぎを削る会社があります。そういう会社で、いつも社内ランキングの上位に名を連ねている人に、インタビューしたことがあります。

生き馬の目を抜く、ではありませんが、きっと競争は激烈なのだろうと想像していました。ずっと上位を取っているくらいだから、さぞかし見た目も内面もギラギラした人が現れるのではないかと思っていたのです。

ところが、予想に反して目の前に現れたのは、ほっそりとスマートな人。失礼ながら、とてもトップ営業マンには見えませんでした。それでも、競争を勝ち抜いているのだから、性格はガツガツしているのだろうと思いきや、まったくそんなこともない。私はとても不思議に思ったのでした。

話を聞いて印象に残ったのが、「誰かと競争したことはない」という言葉でした。人とは戦わない、と言うのです。

「競争のために仕事をしているわけではありません。人がどうだとか、気にしても仕方がない。言い方は悪いのですが、他人のことなど関係ないんです。どうでもいいとさえ思っています」

では、彼はどうしていたのかというと、自分と戦っていたのです。どこまで自分の限界に挑めるか。目標を設定し、それをクリアするために、何をすればいいか。自分自身が最も高いところに行くにはどうすればいいか。それだけを考えていた……。

営業の仕事に限らず、個人でも会社でも競争は必ずあります。しかし、まわりが気になるばかりに、自分のペースを乱してしまう人は少なくありません。それは、人と戦っているからです。そうではなく、自分自身と戦うなら、自分のペースが乱されることはないのです。

なるほど、さすがはトップ営業マン、と思ったものです。またこれは、どんな職種にも通じる考え方でもあるでしょう。

――自分自身の目標を持っていますか？

「成果」ではなく「納得」を追う

「日本には成果主義は合わない」と断言していたコンサルタントに取材をしたことがありました。成果主義の結果として何が起きたか、ということも合わせて聞けたのですが、これが極めて刺激的な話でした。

成果主義はアメリカからやってきたと言われていますが、アメリカでそれが広がった背景には、開拓文化がありました。新しいものを切り開いた人が、アメリカを作ってきた。だから、何かを創り出した人や、目に見える結果を残した人を評価していきましょう、という考え方です。

しかし、成果主義には同時に用意されていたものがあった。それは、勝者に対しても敗者に対しても行われる、しっかりしたフォロー体制です。勝敗がつくわけですから、精神的にも揺れる。そこで、いろいろなドクターを常駐させているのです。

日本では見落とされがちですが、勝者も時には甚大なストレスを受けます。だからアメリカの大企業では、出世すればメンタルドクター、ヘルスドクター、コーチの3つが付くケースすらあります。成果主義の残酷さがよく理解されているのです。

ところが、日本は勝者に対しても、敗者に対しても、何のフォロー体制も整備することなく、成果主義だけを取り入れてしまった。表面だけ都合よく拝借して、中身がスッポリ抜け落ちていたのです。これでは、傷ついて心の病気を抱える人が発生するのは当然である、とコンサルタントは言います。

この話を聞きながら、ある科学者の話を思い出しました。「成果」を問うてはいけない。問うべきは、「納得」である、と。

もとより成果には、多分に運の要素があります。ひょんなことで成果を上げ、出世してしまえば、その勲章が本人を苦しめかねません。

それよりも、自分自身が納得できたかどうかを追いかけるのです。誰かが決めた「いい仕事」ではなく、自分で決めた「いい仕事」に挑めば、モチベーションは保てる。私自身、強く意識している仕事哲学のひとつです。

――納得できる仕事が、できていますか？

頭が真っ白になっても、身体が動いた

オリンピック団体種目の金メダリストへの取材でした。オリンピックに出るくらいですから、子どもの頃から何度も修羅場をくぐっていたそうです。

そんな彼にとっても、初めてのオリンピックの舞台は特別でした。オリンピックの会場は、これまでのどこの会場ともまるで違った。

ましてや団体戦ですから、自分がミスすれば、他のメンバーに大きな迷惑をかけてしまう。そのプレッシャーたるや、どれほどのものでしょうか。

彼は雰囲気に飲まれ、頭が真っ白になってしまったと言います。

ところが、真っ白になってもなお、彼は演技を無事に終えることができました。驚くべきことに、身体が勝手に動いてしまった、というのです。気がついたら、終わっていた、と。

なぜ、そんなことができたのか。これこそ「練習」の賜物《たまもの》に他なりませんでした。世界レベルで戦っているスポーツ選手に、その練習量を聞くと、本当に驚かされます。もちろん種目にもよるのですが、それこそ朝から晩までずっと練習漬けということもある。

「このくらいやらないと、オリンピックには出られないだろう」と素人が想像するその何倍もの練習を、多くのアスリートたちはこなしているのです。

いろいろな「本番」でなかなかうまくいかない、と嘆く人たちがいます。でも、それは当然だと思います。なぜなら、それだけの「練習」や「準備」をしていない、ということだからです。

必ずしも、トップアスリートと同基準で考える必要はありません。

ただ、タフな交渉も常に勝ち切ってしまう人や、行列ができる店の料理人……どんな人でも構いませんが、あなたから見て「身体が勝手に動いている」と思えるような仕事の達人たちは、どれほどの努力と引き換えにそれを手に入れたのか。

そこに想像を巡らす必要があると思うのです。

――一流の結果に見合う練習や準備をしていますか？

向き不向きなんて、ない

今や日本を代表するグローバル企業の経営者が、ポツリとこんなことを口にしました。

「私はもともと商売には向いていない性格だ」

家業を継いで短期間で急拡大させ、驚くべきスピードでグローバル化に成功した人のセリフです。彼は続けました。

「でも、商売に携わってきて、わかったことがある。それは向き不向きではなく、これだと思う仕事を一生継続するかどうかだ」

その仕事に向いていようがいまいが、とにかく続ける、それが大事だ、ということです。

そもそも仕事において、向き不向きというものは、どうやって判断するべきなのか。

そう簡単なことではありません。

テレビドラマに欠かせない存在感を示すある俳優は、20代のとき、四畳半、トイレ共同のアパートで食うや食わずの暮らしをずっとしていました。芽が出始めたのは、30歳を過ぎてから。役者の世界に入って、15年以上が経っていました。そこから、破竹の勢いで活躍が始まっていくのです。

最近では、お笑い芸人でも、10年以上の下積みを経てブレイクする人たちが増えています。もう売れないと誰もが思っていたら、いきなり売れ始める。そういうこともあるのです。

結局のところ、どれだけ我慢ができたか、が問われることが多い。すぐには結果が出せなくても、継続して貫くことで結果が生まれるのです。

何よりやってはいけないのは、向き不向きを言い訳の道具に使ってしまうこと。本当は向いているのに、「なかなか結果が出ないから」向いていないと思い込んでしまう。そうならないためにも、向き不向きなんて、考えないほうがいいと思うのです。

――結果が出ない理由を、不向きのせいにしていませんか？

「私は頑張った」と言わない

「こんなに頑張っているのに、どうして結果が出ないのか」

「一生懸命やったから、うまくいくと思ったのに」

「これだけやっているのだから、間違いないだろう……」

こうしたセリフは、多くの人が口にしてしまいがち。

ところが「自分は頑張った」という言葉は決して口にしてはいけない、と語る経営者がいました。自分はそういう人間を信用しないし、そういう人間には大きな仕事は任せたくない。なぜなら、自分で自分を評価しているからだ、と。

本人がいくら頑張ったつもりでも、周囲からは、頑張ったように見えないことがある。それでは頑張ったことにはならないのです。

このとき、自分は頑張った、と主張すればするほど、まわりの目は醒《さ》めていきます。

頑張ったかどうかは、他人が決めるのです。

もっといえば、まわりから「頑張ったね」と言われることが、頑張った証《あか》しなのです。

にもかかわらず、頑張ったと言い張る人間が多すぎる、とその経営者は言いました。

もちろん、頑張った、という気持ちを自分自身が持つことは大事です。一生懸命やったんだ、という達成感や満足感を持つのは、むしろ必要なこと。しかし、それを口に出してはいけない。自分の心の中だけにしまっておくのです。とりわけ仕事を巡る環境においては。

自分の気持ちと他人の評価は別のもの。それを混同してしまうとやっかいなことになります。

そしてもし、誰かに褒《ほ》められたいと思うなら、自分の気持ちのモノサシではなく、他人の評価のモノサシに合わせなければなりません。

そうでなければ、いくら自分が頑張ったと言っても、褒めてはもらえないのです。

評価は他人がするもの。決して忘れてはなりません。


――自分のモノサシで自分を評価していませんか？

成功のカギは、「やらされ仕事」にある

どんなに頑張っても成果や結果、納得を生むことができない仕事があります。「やらされ仕事」です。

誰かにやらされている、と考えてする仕事は、うまくいきようがないのです。なぜなら、マイナスの感情が周囲に伝わってしまうから。

会社にやらされて営業をやっています、という不動産会社の営業担当者から、家を買いたい人はまずいないでしょう。上司にやらされて資料作成をやっています、という人から、上司が褒めるような資料が上がってくるとは、とても思えない。

やらされているという顔をして仕事をしている人に、何かを頼もうとする人が現れるとも思えません。新しいチャンスもまずやってこない。

にもかかわらず、やらされ仕事の意識のまま続けてしまう人がいる。しかし、実は

やらされ仕事に直面したときこそが、成功するかしないかを分ける境目なのかもしれない、と取材をしていて強く感じました。

もし、やらされ仕事になってしまいそうなときはどうするか。面白いことを言っていた放送作家がいました。「自己催眠をかけてしまえ」と言うのです。これは自分にプラスになる仕事に違いない。なんてオレはラッキーなのか、と。

「振り返ってみれば、人生に無駄なことはひとつもなかった」と語っていた人は少なくありませんでした。

やらされ仕事と思えるような仕事も、間違いなく人生における何らかの意味があるのです。そのときは意味が理解できなくても、後に理解できたりする。

もとより、せっかく仕事をするのなら、楽しんだほうがいいに決まっています。クサって仕事をしたところで、誰もトクをしない。

人はよく見ているものなのです。「こいつに仕事を頼んだら、どんな反応をするのかな。どんな行動を取るだろう……」と。

やらされ仕事と思ったときほど、むしろ気を引き締めなければいけません。


――**やらされ感で仕事をしていませんか？**

「スキル」より「マインド」

経営者にインタビューするとき、いつも楽しみにしている質問があります。部下を昇進させる、あるいは抜擢するときには、どんなところを一番、見るのですか、と。

会社員からすれば、社長や上司がどんなところを評価するのか、知っておきたいはずです。また、私自身はフリーランスですが、組織が人材をどう見ているのか、とても関心があります。

当初は、「実績」という答えが、最も多いだろうと思っていました。あるいは「能力」「将来性」などなど。

ところが実際には違っていました。

多くの経営者が挙げていたのが、「人間性」でした。成果主義、実力主義の印象の強い外資系企業ですら、トップがこう言っていたのです。

ポジションやフェーズでもかなり変わるものの、ベースになるのは、やはり人間性。「自分が、自分が」という人間だと、部署間の連携もなかなか取れないし、下もついてこない。部下から信頼されない人間を、上に置いておくわけにはいかない、と。

私はたくさんの経営者にインタビューしてきましたが、平たく言って「いい人」が多いという印象を持っています。謙虚で、サービス精神旺盛で、丁寧で。

もちろん仕事でしっかり結果を出し、仕事人として優れているから出世するのだと思いますが、同時に人間としてもきちんとしている、ということです。

仕事に必要なものを「スキル」「マインド」に分けて解説してくれたコンサルタントがいました。多くの人はスキルを強く意識するが、実はスキルだけでは限界がある。大切なのは、マインドも同時に強化していくことだ、と。

マインドとは、人間性であり、人としての寛容さや豊かさであり、教養や文化性、感性や五感といったもの。経営トップはそうしたマインドも重視したいのです。

ところが、現実にはスキルばかりを磨こうとしている人が多いことか。

気づいてほしいギャップです。

――マインドを鍛えていますか？

すぐには役に立たないことを大切にする

勉強熱心であること。これは間違いなく、成功している人たちに共通していることでした。ただ、勉強の方向がちょっと違うかもしれない、と感じたことは、一度や二度ではありません。

前項のスキルとマインドを例に取ると、スキルを学ぼうという意欲は彼らにはあまりない。そうしたものは勉強とは思っていない、と言ってもいい。むしろ、そうでないものに関心を持っている。人間としての、あるいは、生きることや仕事をしていくことの本質を学びたい、ということです。

例えば何を読むか。極端な話をしてしまうと、すぐにテクニックが手に入るような本には意識はあまり向かいません。歴史や哲学、科学や芸術、文学といった、ビジネスには直接関係ないものにこそ、関心がある。言い方を変えれば、教養を高められるもの、人間としての心の豊かさを高められるものを求める。

私はビジネス雑誌から推薦図書の取材を受けたとき、小説を紹介しました。なぜなら、実は小説から学べることはたくさんあるから。人間の機微、人の器、美学や価値観、人生の不条理や不合理、生きる哲学……。直接的なスキルではないけれど、もっと根源的な、生きていく上で必要な要素や、人間というものを理解するヒントが詰まっている小説はたくさんあるのです。

成功している人たちには、歴史から人間や社会を学ぼうとしている人も少なくありませんでした。人間は同じ過ちを繰り返している。それが記されている歴史を学ぶことは、さまざまな意思決定にも生きてくるのだ、と。

小説や歴史書は明日からの仕事にすぐ役立つわけではないかもしれません。しかし、じわじわと根本の部分から人間そのものを変えていくのです。

とりわけ長い年月のあいだ読み継がれ、世界の人々に支持されているものには、間違いなくそれだけの理由があります。人間の役に立たないものが、今なお残っているはずはないと思うのです。歴史の洗礼を浴びたものに、もっと関心を持つべきです。

――すぐに役立つものが勉強だと思っていませんか？

第4章

幸運

幸運を、どうつかむか

実力1割、運9割

もう20年以上にわたって、芸能界でトップランナーのひとりとして活躍しているタレントを取材していて、思ってもみない言葉を聞いたことがありました。

「実力は1割、運が9割ですよ」

当然、能力があるから実績を残しているわけですが、本人はそうは言わないのです。実際のところ、彼と同時期に出てきた人たちには、より優れた技術を持った人はいくらでもいたのだそうです。ところが、芸能界に残れた人は、わずかしかいなかった。それを考えれば、実力ではなく、運こそが大きかった、と。

後《のち》に、かつて日本代表にも選ばれていたサッカー選手からも同じようなことを聞きました。

中学のときも、高校のときも、自分よりサッカーがうまい選手はたくさんいた。でも、彼らはその後、プロになれなかったし、日本代表にも入れなかった。

そもそも力があるのに、運をつかめた人と、つかめなかった人がいる。果たして何が違うのか。

興味深いことに、ここでも二人は似たようなことを言ったのでした。

ひとつは、辛抱の違い。いくら力があったとしても、すぐにいい思いができるわけではない。そこでじっと我慢しなければならないのに、脱落してしまう人が多い。これでは、大きなチャンスは手に入らない。

そのタレントはこんなことを言っていました。「石の上にも3年」という言葉があるが、本当に昔の人はいいことを言っている、と。華やかな世界に住む人からそんな言葉が出てきて、私はびっくりしました。

そしてもうひとつ、重要なのが向上心です。常に自分を上向かせようという意志。それが努力を生み、実力をさらにアップさせる。自分の才能を過信したら、これはできません。

運をつかめる人には、ちゃんと理由があるのです。


――運に巡り合えるまで、上を向いていられますか?

世界は自分の意識が作っている

高校時代に初めて観て、強烈に心を惹かれた映画がありました。どうしてそんなに興味が湧《わ》いたのか。

理由がわかったのは、ずいぶん後になってからでした。さらに後には、その映画の監督にも取材をする機会を得て私は感激してしまうのですが、テーマは、わかりやすくいえば、こういうものでした。

「今こうしてこの本を読んでいるあなたは、現実のあなたなのか、それとも夢の中でこの本を読んでいるのか、証明ができますか」

実際のところ、それを証明することはできません。

つまり、自分の目の前にある現実は、「これが現実だ」と自分の意識が決めているに過ぎないということ。自分に見えているこの世の中は、実は自分の意識が作っているのです。

例えば、ある街は、人によってはバラ色に見える。でも、ある人にとっては、真っ暗な街に見える。これは、見ている本人が、そういう意識を持っているからです。意識さえ変えれば、同じ街が別の街に見えてくる、ということ。そしてそれは、自分だけでできるわけです。

成功者に会って思うことは、この意識づけが極めてうまい、ということです。例えば、自分はきっとうまくいく、自分にはもっと大きな可能性がある、まだまだ何かができるはずだ、と思っている人が多い。

しかも、大事なことは、一方で自分の弱さや愚かさも認識していること。同時に相応の努力をしていくのです。大きな可能性のために自分に何ができるのかを常に考え、行動していく。意識と行動がマッチして、運が生まれる。

逆にいえば、自分の幸運の芽を摘んでしまっていたのは、実は自分自身だった。そんなことも起こりえるということです。世界は誰かが作っているのではない。自分の意識が作り出している、ともいえるのです。

――自分なんてこの程度、と思っていませんか?

下積みは楽しい

下積み、というと苦しくつらいもの、というイメージを持つ人が多いと思います。ところが極めて興味深かったのは、成功者の多くが長い下積み生活を経験していたにもかかわらず、苦しかった、つらかった、と言う人がまずいなかったことです。むしろ、「下積みはいい経験だった」「楽しんでいた」と言う人が多かった。

ある外資系の人事コンサルタント会社トップは、驚くべきことにキャリアのスタートがホテルのウェイターでした。就職が決まっていた映像制作会社が突然の内定取り消しで、なんとか入れてもらえたのがホテル。最初の職場は、宴会場でした。

望んでもいなかった接客業。先輩からは日々、厳しい叱責を浴びました。ところが彼はこう振り返るのです。

「見たことのない世界が見られて、自分にできなかったことができるようになった」

ベンチャー起業家として知られる経営者は、最初の就職先が銀行でした。右も左もわからない中、最初にひたすらやらされたのが、コピー取り。一流の大学を卒業して、どうしてオレがコピーなんかを、とクサる同期を尻目に、彼はその仕事に真剣に向き合いました。

どんな目的で、どのように使用するコピーなのか。それがわかればコピーの取り方が変わります。また、どうすれば最も早くコピーが取れるのか、も常に意識しました。そんな仕事ぶりに、先輩や上司が誰よりも早く別の仕事も任せるようになったのは、いうまでもありません。

誰だって最初から一人前の仕事ができるはずがないのです。下積みは誰にでも必要な、極めて重要なステップ。それを認識して、前向きに受け止めるか。それとも、嫌なもの、面倒なものだと勘違いして手を抜いてしまうか。それだけで、その後の成長に大きな差を生んでしまいます。

どうせやらなければいけないなら、その仕事をどう料理してやろうかと、楽しんでやったほうがいいに決まっているのです。

――下積みをネガティブなものと思い込んでいませんか？

日本人は、「人のため」で力が出る

オリンピックの水泳で、個人と団体メドレーの両方に出場した有名選手がいました。先に行われた個人競技は残念ながら結果が出せなかった。ところが、団体メドレーでは、個人のときよりもいい記録を出し、チームに貢献してメダルを獲得しました。

これを評してある方が、「日本人は自分のためでなく、誰かのために仕事をするときに力が出るんだ」と言っていました。

第3章（64ページ）にも書きましたが、多くの成功者に共通する考え方に、実はこの「誰かのために」があります。顧客のため、だけではありません。同僚のために、事務所のスタッフのために、仕事のパートナーのために……。成功している人たちは、こうした姿勢を持って仕事に臨んでいる人ばかりでした。

「すべてはオレのためだ」と思っている人を見て、まわりの人たちは何とかしてあげよう、と考えるでしょうか。その人のために、一生懸命尽くして仕事をしようと思うでしょうか。逆に、誰かのために頑張っている人は、応援したくなる。手を差し伸べたくなるものです。

また働く側も、誰かのためになっている、と思えるからこそ、自分の仕事に愛情が持てる。自分の行動が好きになれる。懸命に頑張れるわけです。

私自身にも心あたりがあります。

「読者のために」という気持ちの切り替えが、大きな転機となったと先に書きました。実は読者以外にも、強く意識していたのが、私に仕事を発注してくれた編集者やディレクター、そして取材をさせてもらった人たちでした。

どうすれば彼らの役に立てるか。彼らの成果を作れるか。彼らの出世を応援できるか。私はいつも、そのことを考えるようになったのです。結果的に、読者に支持をしてもらうことこそ、彼らにも報いることだと次第に気づいていきました。

自分のためではなく、人のためになることを考える。それだけで、仕事は一気に変わるのです。

——「誰かのために」と考えていますか？

「どうせ社交辞令だろう」と思わない

びっくりするようなことが、時には起こる。それが本当に起こって、思わず反省をしてしまった、と取材で語っていた男性がいました。

20代の頃、アメリカで暮らしていた彼は、飛行機で隣合わせになった10歳ほど年上の日本人女性と話したそうです。帰り際、また会いましょう、と住所の交換をした。ところが彼は、「どうせ社交辞令だろう」と女性の住所を捨ててしまったそうです。

1カ月も経たないうちに、女性から手紙が来ました。アメリカ暮らしで日本語が恋しかった彼は、寂し紛れに文通するのもいいか、と思ったそうです。その程度の動機で文通が始まりました。女性は旅行会社に勤めていました。たまたま彼の友人であるアメリカ人が日本に行くことになり、彼女にプランニングを依頼しました。そして、彼も友人とともに日本へ行き、彼女に再会することになりました。

彼女から、自分も友人を連れて行っていいか、と聞かれた彼は、かまわない、と答えました。何かを期待していたわけではありません。そこで一緒に食事をすることになり、現れた彼女の友人は、プロ野球の関係者でした。

子どもの頃、プロ野球が大好きだった彼は、意気投合。遊びにおいでよ、と言われて本当に球場に行くと、なんと練習中にベンチまで入れてくれたのです。その上、4番を打っていた外国人選手を紹介してくれたと言います。スタープレーヤーでした。

彼の出身が関西だと聞くと、「じゃあ、甲子園に行ったときに食事をしよう」とその選手は言いました。彼は、きっとこれも社交辞令だろう、と思ったそうです。ところが、たまたま日本に帰っていたあるとき、この選手から電話がかかってきたのです。一緒に食事に行こう、と。彼は本当に食事をして、その後も親しくすることになります。

何も信じていなかった自分は、ひどいヤツだった。擦《す》れていて、斜に構えていて、嫌なヤツだった。彼は以来、「どうせ社交辞令だろう」を、やめたと言います。

後に、彼は年商20億円のネットショップオーナーになりました。

——斜に構えて世の中を見ていませんか？

チャンスはすでに始まっている

「チャンスが来ないと嘆く人は多いが、そのチャンスが来たときに瞬時に飛びつける準備を日頃からコツコツと進めている人は少ない」

こんなセリフを幾度となく、成功者への取材で聞きました。

おそらく自分たち自身が、その感覚を実体験として持っていたのではないかと思います。準備をしていたからこそ、チャンスをうまくつかむことができたのだ、と。

あるキャスターは、大学を卒業すると航空会社に入社しました。本当は、そうしたかったわけではありません。いつかはメディアの仕事をしたいと思ってはいたものの、あまりに門戸が狭いことを知っていたのです。

そこでまずは、航空会社で見聞を広げるという道を選択しました。しかし、それだけに自分に高い目標を課しました。

3年はここで学べるだけ学ぼうと決め、課題をリストアップして、それを着実にクリアしていったのです。

そして4年目から転職活動を始め、運良くキャスター募集に出会うことになります。このとき、過去3年の経験が生きた。収入は4分の1になったそうですが、彼女は念願の仕事を手に入れるのです。

あんな仕事に就けていれば、あんなふうになっていれば……。もし、そのためのチャンスを本気で求めているのなら、今すぐにでも準備を始めるべきです。その理想の姿を手に入れるためには、自分に何が足りないのか、それを徹底的に洗い出すべきです。その上で、焦らずじっくりと準備を進めていく。

チャンスが欲しい、と考える人は多い。

しかし、仮にチャンスに出合えたとしても、それを手にできるだけの力が自分になかったら、手にすることはできません。

その意味では、チャンスはすでに始まっている、と考えたほうがいい。その準備ができているか、がチャンスを手にできるかどうかを、決めるのです。


――チャンスのための準備をしていますか？

「ビッグチャンス」より「小さなチャンス」を探せ

ある飲食店オーナーは、いつかレストランを経営してみたいという人たちに、積極的に会うようにしている、と言っていました。同業者として、夢を持つ若い人を応援したいのだ、と。素敵なレストランを持つことが夢、という人は昔に比べて、ずいぶん増えていて、大勢の若者たちが相談にやってくるそうです。

ただ、困ったことがひとつある。それは、どこかで聞いたことがあるような、単なる夢物語ばかり口にする、と言うのです。

例えば、有名店から「働かないか」といつか誘われるに違いない。あるいは、お金持ちのオーナーから「お店をやってみないか」と依頼される日が来るのではないか。そういうことを真顔で言ってくる若い人が少なくないのだ、と。

背景にあるのは、テレビのドキュメンタリーやドラマ、さらにはマンガの影響ではないかと彼は語りました。実話であっても、結果的にうまくいった例しか取り上げられない。さらに、物語が面白くなるように、デフォルメされることもある。

有名店から「働かないか」と誘われた背景には、本当はとんでもない努力が隠されていたにもかかわらず、ドキュメンタリーではそのことに触れられるとは限らない。ましてやフィクションでは、主人公に都合のいいように物語は展開していく。

もちろん、中には誰もがあっと驚く幸運を手にした人もいるのかもしれません。思わぬビッグチャンスが目の前に転げ落ちてきた人もいるかもしれない。しかし、同じことが自分に起きると思ってはいけません。

そして、そんなビッグチャンスを期待している人に限って、目の前に差し出された小さなチャンスに気づけないことが多いのだそうです。こんな小さなチャンスでは物足りない、と巡り会えたチャンスを捨ててしまう人も少なくない、と。

この飲食店オーナーの小さなチャンスは、気の合う仲間との出会いでした。まったく無名の同年代の仲間です。そこから人生は大きく動き始めたのです。

本当のチャンスが、見えていない。そういう人は、驚くほど多いのです。

――小さなチャンスを見逃していませんか?

目標やゴールを公言する

人生や仕事をテーマにした取材が多かったこともあり、どうしてチャンスをつかむことができたのですか、と直球ど真ん中な質問をすることも少なくありませんでした。

そこで多くの方が語っていたのは、「目標やゴール、自分が求めているものを普段から公言していた」ということです。

チャンスはどこからやってくるのかと考えてみれば、多くは人からやってくるわけです。人に伝えることによって、何がしかの変化が起きていく。そこから何かが変わっていくことがある。

もしかしたらうまくいかないかもしれない。そんなことになったら恥ずかしい。だから、目標やゴールは人に言いたくない、という人も多いかもしれません。しかし、それでは誰にも目標やゴールがわからない。誰も関わりようがないのです。

あるＩＴ企業の経営者は、異業種の企業に在職中から、いずれ自分は起業する、と宣言していました。その企業に入社したのは、独立後に必須のスキルとなる営業力を身につけるためだと公言していました。

何を生意気なことを、と当初は社内でも言われていたそうですが、懸命に頑張っている姿に、やがて周囲が変わっていきます。先輩は起業のためのさまざまな情報をくれるようになりました。そしてなんと社長が、出資をしてくれることになったのです。

「そんなことを、できるはずがないじゃないか」

「よく、こんなことが言えるなぁ……」

まわりはそんなふうに思えることでも、口に出してしまう。その内容がどんどん変わってもいい。そうすれば、誰かが助けてくれるかもしれない。黙っていては、助けようにも誰も助けられないわけです。

それこそ、「出世したい」と本気で思っているなら、宣言してしまったほうがいい、と言っていた人がいました。こっそり出世を狙っているより、はるかにさわやかだし、まわりも応援してくれる、と。たしかにその通りだと思います。

――欲しいものを周囲に明かしていますか？

ロジックだけで判断しない

ロジカルに判断するのは極めて重要なことです。しかし、それがすべてなのかといえば、実はそうではないのではないか、論理的でないものをもっと評価してもいいのではないか、と語っていた人は、少なくありませんでした。

例えば、直感や皮膚感覚、人間の本能としての気づきや意識。あるいは偶然や運命のようなもの、と言い換えてもいいかもしれません。むしろそれを大切にして生きている人が、成功者には意外に多いのです。

例えば、上場会社の経営トップ、さらには、中堅で活躍しているエース級のマネジメントの方から、似た言葉が聞こえてきました。

どうしてその会社を選んだかという理由が、極めて偶発的なのです。まったく論理的ではない。

たまたま同級生が説明会に行くというので一緒に行った、という大手金融会社の社長。先輩がいて、どうしてもと言うので受けた、という大手製造業トップ。行くつもりはあまりなかったのだが、なぜか受けてしまった、という流通会社の経営者。

最初に内定が出たから、という人も少なくありませんでした。

「今の学生さんは、ものすごく理論的に考えているから申し訳ないんだけど」と前置きしながら、こういう話をした人が多かったのです。つまりは、頭でしっかり考えた論理性というよりは、極めて直感的、偶発的に就職という大切な決定をしてしまっていた、ということです。

そして、こういうことを素直に取材で言えてしまうこと自体、経営者やエースには素直で正直な人が多い、ということの証左でもある一方、こういう動機で入社した人が組織のトップに上り詰めているという事実にも、注目するべきだと思うのです。いわば直感や皮膚感覚で選んだ会社で、彼らは成功しているからです。

直感や皮膚感覚を重視したことで、自分に合った会社を選ぶことができた。社内で出世も遂げることができた。いい選択をすることができたということです。

――直感で選択していますか?

「キャリアプラン」はいらない

「キャリアプラン」という言葉が出てきたのは、いつ頃からだったのでしょうか。今は、自らのキャリアを自らで構築することが推奨されているようです。ゴールを決め、そのためのステップを綿密に考えていく。

しかし、私が取材した多くの人たちが、実はキャリアステップなどほとんど考えていませんでした。ビジネスの世界に生きる人も、スポーツの世界に生きる人も、芸能界の人も。例えば、将来は会社を経営してみたい、海外に行ってみたい、日本一を争えるようになりたい、といった漠然としたイメージは持っていたとしても、そこからブレイクダウンして〝計算〟するようなことはしていない。

日本の老舗企業からスタートし、誰もがうらやむようなキャリアを歩んで、40代前半で外資系企業のトップに上り詰めた人はこう言っていました。

「キャリアについて、事前にしっかりと計画を立てる人がいるようだが、自分は違った。実際、行き当たりばったりだった」

外資系トップというと、キャリア志向の最たるものに思えます。ところが、私が取材した有名外資のトップのほとんどがキャリアについてほとんど考えていなかった、と語りました。

では、どうしていたのか。偶然に身を任せていたのです。

ある別の経営者は、こうも言いました。

「キャリアプランだ、人生設計だ、なんて、やるべきではない。そんな傲慢な話はない。人生は自分でコントロールできるほど簡単なものではない。思ってもみないことが起きるのが、人生の醍醐味。それを、とことん楽しんだらいい」

先の外資系トップの提言も似たものでした。いわく、とにかく目の前のことにのめり込め。情熱を持って取り組めば、自然に道は開けてくるものだ、と。

先のことよりも、今のことに目を向ける。目の前のことに必死になる。何度も繰り返していますが、むしろこの大切さが、今は忘れ去られている気がしてなりません。

――未来ばかりを気にしていませんか?

偶然には意味がある

世界チャンピオンになったボクサーの経歴を聞いて、びっくりしました。子どもの頃は身体が弱かった。高校受験に失敗し、遠隔地に行くことになって下宿せざるを得なくなった。その下宿先が銭湯で、営業時間外にボクシングジムをやっていた。そこでボクシングと出合うことになった……。

こんな出合いで、後に世界チャンピオンになってしまうわけですから、人生は本当にわかりません。もちろんチャンピオンになるなんて、本人もまわりの誰も、夢にも思っていなかったそうです。

著名な方々の経歴を紐解くと、思いも寄らなかった偶然との出合いが隠されていたりします。今や、日本を代表する有名俳優も、きっかけは友人からもらった1枚の舞台のチケットだったと語っていました。

舞台に出ませんか、と誘いが来たわけではありません。友人がたまたま持っていたチケットを譲ってもらって見に行った。

それだけだったのです。

舞台を見て衝撃を受け、劇団の門を叩いた。すると、とんでもない倍率の難関を、突破してしまった。

人生のきっかけなどというのは、えてしてこんなもの。これぞ自分の生きる道だ、などと思った道に突き進めた人のほうが、意外に少ないのかもしれません。

その意味では、日常の小さなところに目を向けること、意識することは、とても大切なはずです。それが人生を大きく左右したりするのです。

そこにどれだけ真剣に向き合えているか。通勤電車の中で見る中吊り広告、会社の同僚とのちょっとした会話、昔の友人からのお誘いメール、取引先から耳にした初めて聞く言葉、パーティーで出会った気になる人……。

自分のまわりで起きるあらゆることが、自分の未来に大いに関係してくると思ったら、毎日に向き合う姿勢も大きく変わっていくはずです。

――大切な偶然を、見過ごしていませんか？

自分の運を信じる

もちろん、取材をしたすべての人がキャリアプランなど持っていなかった、将来の計画などなかった、というわけではありません。中には綿密なプランに沿って、夢をかなえた人もいました。徹底的にキャリアの準備をしていた、という人もいました。どちらかというと、今はそういう考え方が支持されていると思います。だからこそ、それとはまったく違う考え方もあるのだということを伝えておきたいのです。

偶然に身を任せ、運に身を委ねてしまってもいい、ということです。流れるままに、流されていい。それを自ら受け入れ、与えられたその瞬間を必死に生きるのであれば、です。

私自身が、この考えを持ってここまできました。広告の仕事からキャリアが始まり、雑誌の仕事、さらには書籍へと広がったのですが、実は自身で何も意志を持っていなかったのです。

ただ、いただいた目の前の仕事に必死で取り組んできた。それだけです。そうしたら、今の自分がいた。そして、結果的にそれが正しい選択だったということが今ならわかります。もし、当初の広告の仕事にこだわっていたら、次の雑誌の仕事にこだわっていたら、その後の経済状況の変化で、私は大変なことになっていたおそれがある。それこそ自分でキャリアを作ろうなどと考えていたら、今の自分は間違いなくなかったのです。

偶然に導かれて、夢にも思っていなかったような状況に身を置くことになった。自分が本を出すことになるなんて、まったく想像もしていなかったのですから。

私の考え方に、大きな影響を及ぼしたのは、いうまでもなく膨大な量の取材です。そして、やはり運に身を任せて生きなさい、と言っていた、ある経営者の言葉を今もよく覚えています。私は、岐路に立っている友人に、よくこの言葉を贈ります。

「自分の運を信じろ」

一生懸命に生きている人を、神様は悪いようにはしない。私はそう思っています。

――自分の運を信じていますか？

第5章

不安

不安なとき、苦しいときにどうするか

人は泣きながら生まれてくる

小説を書く作家というのは、神様からギフトをもらった人たちに違いない、と取材でよく感じました。本当に凄い感性を持った人たちです。

同じように人の心をグサリとえぐるという点で、広告クリエイターも同様だと思っています。一流の広告クリエイターが紡ぎ出す世界観は、単なる商品の広告を超えたものを持っています。

かつて広告を作っていた頃は、そんな作品を垂涎《すいぜん》の的《まと》で眺めていたのですが、大好きなキャッチコピーにこんなものがあります。

「人は泣きながら生まれてくる。なぜだろう」

かなり古い広告ですが、この言葉は私の何かに突き刺さりました。

どうして人は泣きながら生まれてくるのか。母親の体内にいれば、ぬくぬくと安心して過ごしていられたのに、厳しい現世に顔を出さなければいけなかったから。それでも生きることを楽しもうではないか、というのが、このキャッチコピーの意味するところではないかと思います。

現実の世の中は極めて厳しく、生きていくのは苦しいものだ。うまくいく人の多くが、そうした世界観をはっきりと持っている、と感じています。不安はあって当たり前。もともと人生は苦しいものだ、という厳しい認識があるのです。

だから、苦しさに直面しても、強い。このくらいの苦しさは、当然あるものと考えている。簡単にへこたれたりしない。逃げることなく、真正面から立ち向かえる。

のちに調べてみると、コピーの前半部分の「人は泣きながら生まれてくる」は、シェイクスピアの「リア王」に出てくるフレーズでした。４００年以上前から語り継がれてきたということ。時代が変わっても変わることのない人間の本質のようなものは、古典にたくさん眠っていそうです。

ちなみに「終わりよければ、すべてよし」も、シェイクスピアの戯曲の題名のひとつです。

――苦しいのは特別だ、と思っていませんか？

失敗を増やせ

成功できる人にあって、成功できない人にないのはどんなことでしょうか。こんな質問に、「失敗すること」とズバッと答えた経営者がいました。

失敗は願わくば避けたいもの。誰しもがそう思っています。私だって、できれば失敗などしたくありません。では失敗しないことが本当に正しいことなのか、といえば、そう簡単には首を縦に振れない自分もいます。

なぜなら、成功者には失敗や挫折をたくさん重ねた人も、決して少なくなかったからです。

ある外資系トップは、最初の転職に失敗していました。1円単位のコストを意識する製造業の世界から金融業界への転身は、あまりにギャップが大きすぎたのでした。

ある経営者は、新規事業をやりたいと手を上げて、大きな損失を出した経験を持っています。

あるメダリストは、新しいトレーニング法に挑みながら失敗、翌年1年を棒に振ってしまったと言います。

ただ、失敗したからこそ大きな学びを得られた、と多くの人が語っていました。それは、失敗しないとできなかった学びだったと思う、と。

繰り返しの失敗やわかってやる失敗を除けば、未知に挑んだからこそ、手痛い罰をくらうのが失敗です。背景にあるのは、新たなチャレンジなのです。

そして失敗には、効能もたくさんあります。例えば、学びが得られる。謙虚になれる。人の痛みがわかるようになる。抜け出し方がわかる……。これらは、間違いなく次に生きていく。自分の糧となるわけです。

逆にいえば、失敗していない人はリスクに挑んでいない人。もっといえば、人生の糧が学べない人、ということになってしまいます。

果たしてそれで、いいのかどうか。苦しさと同様、失敗についても認識を改めておく必要があるということです。

――失敗はいけないこと、と思っていませんか？

仕事を食わずぎらいしない

世界的なメーカーの経営者に言われて、ハッとしたことがあります。彼は入社時に、本意でない配属先に送り込まれて嫌な思いをしたそうなのですが、なぜだか後でわかった、と言うのです。あのとき嫌だと思ったのは、苦手だからだったのだ、と。

だから、と彼は言いました。もし嫌だなと思う部署に行かされたら、それは喜んで行かなくてはいけない。花形と思う部署で過ごす10年なんかより、苦手なことに向き合うほうがずっと力がつく、と。この人がメキメキと力をつけ、トップに就けた理由がわかった気がしたのでした。

大手商社からキャリアを始めた外資系トップは、入社時に会社から行きたい部署と行きたくない部署を書かされたそうです。社交的だった彼は、営業を希望して、会計だけは行きたくない、と書いた。

すると、配属されたのは、なんと行きたくなかった会計の部署だったそうです。会社にはめられた、と笑っていましたが、このときに身につけた知識は一生のものになったと言っていました。今では会社に感謝している、と。

苦しいものから逃れたい、失敗したくないという思いは、時に自分を必要な場所から逃れさせてしまう危険があります。そしてそれは、結果的に自分の力を弱めたり、チャンスから遠ざけてしまうことになる。

そしてもし今、不本意だと思っている状況に置かれているのであれば、それは苦手なことをやらされている可能性があります。苦手だから面白くない、得意でないからつまらない。しかし、その経験は決して無駄にはならないはずです。ここできちんと向き合って、嫌だという思いを克服することができたならば。

忘れてはならないのは、人生は長い、ということです。20代であれば、まだ人生は60年以上も残っている。そのうちのたった数年、苦手を克服するための苦しい時間を過ごすことが、そんなに大変か。こんなふうに頭を切り換えられたなら、もしかすると先の経営者のような発想が、できるようになるかもしれません。

――苦手なこと、嫌なことから逃げていませんか？

〝苦しい〟がないと
〝楽しい〟もない

どうして苦しいことや嫌なことから、そんなに逃げようとするのか。どうして楽しいこと、ラクなことばかりがしたいのか。哲学者への取材中に逆に問い詰められたことがありました。

「毎日が楽しくて、ラクチンに過ごせたら、どんなにいいか、と思っている人がいるが、それは根本的に間違っている」

彼が続けてくれた話は、鮮烈でした。

苦しいことや嫌なことがまったくなかったとしたら、楽しさやうれしさをどう判定するのか。

苦しさや嫌なことがあるからこそ、楽しさやうれしさが浮き立ってくる。

もし、楽しいことやうれしいことばかりだったら、きっとそれを楽しいとかうれしいと感じたりはしない。感じることもできない。人間とは、そういうものだ、と。

これは真理を突いている、と思いました。

楽しいこと、自分の好きなことだけをやろうとしても、結果的に楽しさやうれしさを感じられるとは限らないのです。そうではない思いが混ざるからこそ、喜びは大きくなる。

だとするならば、あえて苦しい思いに飛び込んでいったほうが、むしろ楽しさやうれしさは大きくなるかもしれない。

スポーツにも似たところがあります。私も週末ランナーですが、走っているときは苦しいのです。どうしてわざわざこんな苦しい思いをして走っているのか、と自分で思うことも多い。

ところが走り終わった後には、他では経験できないほどの爽快感が味わえる。これは、まず苦しみがあってこそ、味わえることなのです。

そう考えれば、人生における苦しみとは、意外に悪くないもの、と言えるのかもしれません。喜びをより大きく味わうことを可能にしてくれる、ものなのですから。

――楽しいことだけできれば、と思っていませんか？

人生は、喜怒哀楽の総和で決まる

つい最近、大手企業を50代で退職してからベンチャー企業を立ち上げた経営者から、極めて印象深い言葉を聞きました。

「人生は、喜怒哀楽の総和で決まる」

うれしいことや楽しいことが、人生にはたくさんあるほうがいいに決まっています。しかし、それだけが人生の充実度を決めるわけでは決してない、というのです。ともすれば、ネガティブにとらわれがちな、苦しみや哀しみ、怒りやつらさもひっくるめて、人生は充実していく、と。

いいことがあって、悪いことがあれば、人はついつい、いいことから悪いことを引いて計算をしてしまいがちです。そうではなくて、足してしまえ、というのが、彼の考え方。いいことも、悪いことも、感情が大きく動いたものの総和が重要だ、と言うのです。

思えば、面白い人生を生きている人は、間違いなくこういう生き方をしています。歴史に名を残している偉人でも経営者でも、まさに波瀾万丈な人生を歩んだ人が多い。一方的に、「喜」や「楽」だけを生きた人はまずいないと思うのです。

私が取材をして面白いのも、そういう生き方に出会ったときです。うまくいっていた人たちの多くが、まるでジェットコースターのような人生を歩んでいたのです。

もちろん、わざわざ哀しみや苦しみ、怒りに飛び込んでいく必要はないのかもしれません。ただ、それを恐れて、びくびくするような生き方はちっとも素敵にはならない、ということです。それこそ、そこには行ったことがなくて心配だから旅行には行かない、と言っているようなものです。

そして、もしも苦しいことや不安に直面してしまったら、それもひっくるめて人生だと考える。人生を充実させる機会を得たのだ、くらいに思えるかどうか。そう思えれば、生きる勇気が湧いてくる。

喜怒哀楽の総和を大きくする。素敵な考え方だと思います。

――人生を引き算で考えていませんか？

人生のリターンは、取ったリスクに比例する

30代の頃、長く続けていた仕事のひとつにマネーに関わる取材がありました。お金の運用をどう考えるか、どんな心得が必要か、たくさんの専門家に話を聞きました。私自身はやってみようという気にならず、金融商品の運用にトライすることはありませんでしたが、そこで聞いた「運用の原則」はなるほど、と思えるものでした。

それは、リスクとリターンは相関する、ということです。例えば、銀行の預金は、金利は極めて低いけれど、元本が割れることのない安全な金融商品です。逆に、株式投資は大きなリターンも期待できるけれど、元本が大きく割れてしまうリスクも潜んでいる。

逆はありえません。大きなリターンが期待できるが、元本がリスクにさらされることはない、などという金融商品はないのです。

そしてこれは、人生も同じだ、と他のさまざまな取材から気づきました。例えば、会社を立ち上げて上場させ、社会的な名声や巨額の資産を手に入れる人がいます。でも、彼らはもしかしたら、会社が途中で頓挫し、倒産してしまうかもしれないリスクと常に隣り合わせだったのです。

今、すでに上場会社に勤めている人は、会社が上場して大きな資産を得る、などという機会はありません。そのかわり、会社が倒産してしまうリスクも低い。リターンへの期待が小さい分、リスクも小さいということです。

もし大きなリターンを目指したいなら、リスクを取らなければいけない。これは就職に限りません。例えば、セールスの成績でもそう。人と同じことをしていたのでは、同じ結果しか出せない。何かのチャレンジをして、失敗のリスクがあっても、挑んでみる必要がある、ということです。

そしてリスクに挑むときは、もちろん確約はないけれど、リターンへの期待もできるということ。このバランスを理解していれば、嫌なものに思えるリスク自体、悪いことばかりではないと、気づけるのです。

――リスク・リターンのバランスを理解していますか？

不安はなくならない

先行き不透明な時代、これからについて不安に襲われることが多い、という人も少なくないかもしれません。成功者たちは、不安とどう向き合っているのか。これも大変に興味があったことで、私はよく質問していました。

もともとより成功してそれなりの名声や資産を手に入れれば、不安はもうなくなっていくのではないか、という思いも持っていました。ところが、そんなことはありませんでした。

かつて大臣も務めたことがある作家は断言しました。

「不安が消えることはありません」

テレビでも知られるコラムニストも言います。

「収入がなくなるのではという、断崖をのぞくような恐怖はずっと続いている」

次は、レギュラー番組を何本も持つタレント。

「明日、すべての仕事を失うかもしれない、という危機感はいつも持っている」

巨額の資産を持っている経営者も同じでした。資産があるから不安がなくなるわけではないと言うのです。

要するに、不安はなくならない。となれば、不安とは上手に付き合っていく必要がある、ということです。

では、どうやって？　精神科医への取材でズバリそれを答えてくれる話を聞きました。ネガティブな感情というものは、そこから目を背けようとしたり、追い出そうとすればするほど、逆に強固になってしまうのだそうです。

そして不安をもたらしている理由は、それがぼんやりとしているから。ふわふわとしているから、不安になるのです。

だから、真正面から見据《す》えてしまう。自分は何に不安なのか、逃げずに対峙してしまう。ぼんやりさせずに、何が不安なのかをはっきりさせてみる。これだけでも、少なくとも不安に飲み込まれ、自分が蝕《むしば》まれるようなことは、なくなるはずです。


――不安との付き合い方を知っていますか？

弱ったら文字にする

不安をぼんやり、漠然としたものにしない方法は、他にもありました。

そのひとつが、文字にすることだ、と語っていたのは、著名なコラムニストでした。

メモにしてもいい。日記にしてもいい。他人に見せるものではありませんから、できればパソコンで書くのではなく、手書きで書いてみるといい、と言っていたカウンセラーもいました。

思っていることを書いていくと、なんとなく頭の中でもやもやしていたことが、すっと晴れていくのです。どうしてなのか、ある作家がこう言っていました。

人間は弱い生き物なのだ。だから、いろんなものを、実はもやもやした状態に置いておきたい。曖昧にしておきたい。そうすれば、覚悟して、行動しなくてもいいから。

ところが、書いてしまうとそうはいかなくなる。何が問題なのか、はっきりと気づけるようになる。その代わり、覚悟も反省もしなければいけなくなる。行動もしなければならなくなる。ただ、ぼんやりとした不安は消えていく。不安に押しつぶされるようなことはなくなっていくのだ、と。

　昔から続いてきた日記の効用は、これだったのかもしれません。書くことによって、頭の中を整理し、不安や悩みもぼんやりさせないのです。

　インターネット、メールが当たり前の時代になり、今や書く機会自体は決して少なくありません。しかし、自分についてよく考えて書く機会というのは、ほとんどないのではないでしょうか。

　ＳＮＳやブログなどで、自分の体験や感想を書いていても、それはあくまで人に読んでもらうための文章です。そこに本心を吐露できるかどうか。不安や苦しい思いを書き綴ることができるかどうか。それができなければ、自分の中のもやもやをクリアにするのは難しいのです。

　思っていることを文字にする時間、というのは、実はなかなかありません。だからこそ、あえて意識して時間を取る意味があるのです。

――思いを文字にしていますか？

あなたの苦労は、みんな知っている

人は誰かに認められたい生き物、とはよく言われることです。最近では、この承認欲求がより強くなっている、と耳にしますが、自分がやったことをアピールしたからといって、認めてもらえるわけではない、という点に注意が必要です。

ましてや、自分の努力や苦労した話となると、むしろアピールすることで、評価が台無しになってしまうことすらあるのです。

これを端的に語っていたのが、芸能界でトップランナーとして活躍し続けている歌手でした。自分はこんなに頑張っているのだ、などと自分で言うな、と。

例えば、何かの成果を出したとする。また、それなりの評価を得たことがあったとする。その背景に、何がしかの努力があったことは、誰でも簡単に想像ができるのです。

ところが、それを言いたくて、口に出してしまう人がいる。実は大勢いる。だからこそ、やってはいけない、と彼女は言うのです。そういうことは、自分が言うのではなくて、人に言わせることなのだ、と。

努力は誰かが見ている。あるいは、想像している。だから、「アイツはよく頑張っている」と人に言ってもらえれば、間違いなくまわりから賞賛される。ところが、それが待てない。自分から言ってしまう。これでは、ちっとも美しい話にはならないわけです。せっかく頑張っているのに、苦労もしているのに、です。

ある外資系のトップは、私のインタビューで初めて、30年も前の留学時代の大変な苦労話を聞かせてくれました。そんな話を決して人前でするな、とお姉さんに言われていたのだそうです。むしろ、自分は一切苦労なんてしていません、という顔をして、いつもニコニコして過ごしなさい、と。

そしてこれを守り抜いた弟は、後に社長にまで抜擢されたのでした。姉はとてもいいアドバイスをくれた、と彼は言っていました。見ている人はいるし、何よりわかる人にはわかる。それが、苦労や努力だということです。

――こんなに頑張った、と人に言っていませんか？

悲観的に準備し、楽観的に対処する

リスクや不安とどう向き合うか。もうひとつの見方を教えてくれたのは、危機管理の専門家でした。彼はこう強調していました。

「基本は、悲観的に準備し、楽観的に対処すること」

不安がある、リスクが心配だ、と言いながら、まったく準備ができていない人があまりに多すぎるのではないか。心配だと言っている人ほど何もしていないのではないか。

この言葉には、私もドキリとしました。

必要なことは、平時において、最悪の状況を常に想定しておく、ということだと彼は言いました。

どれだけの人が、それをイメージできているでしょうか。

これができていれば、日常の捉え方が変わります。たとえ、何かひどいことが起きたとしても、「最悪の状況から考えれば、この程度でよかった」と思うことができる。ネガティブなことが起きているのに、それをポジティブに捉えることができるわけです。

何も起きなかったとしても、最悪の状況が想定できているだけに、平穏に感謝できる。それが、いかにありがたいことであるか、理解できる。

彼はまた、こうも言いました。

「逆に最悪なのは、平時は楽観していて、いざというときに悲観することだ」

ネガティブなことをことさらネガティブに受け止め、もっとネガティブになりうる、と心の余裕を失ってしまっている状況。これでは、なかなか危機的状況からは抜け出せないでしょう。

最悪の状態とはどういうことか、紙に書き出しておくことです。そうすれば、何をやるべきか、どう防ぐべきか、ということも頭に浮かぶ。リスクへの対処は、そうした準備があってはじめてできることなのです。

——自分にとっての最悪を、イメージしたことがありますか？

「本当の苦しみ」に思いを馳《は》せる

ある作家は、デビューするまでに、さまざまな経験を積んでいました。後にベストセラーを連発することを考えれば、間違いなく才能はあったのだと思います。しかし、それを生かせるような環境に身を置けてはいなかった。思うようにならない日々を過ごしていた、と過去の雑誌インタビューには書かれていました。

取材が始まってしばらくして、その話を聞きたいと考えました。作家になるまでに苦労をなさったんですね、と質問を投げかけた瞬間、彼の顔色が変わりました。

「苦労をした、などと書いてはいけない。勝手に書かれて迷惑をしている。あんなものは、苦労でも何でもない。本当の苦労というのは、もっと凄惨《せいさん》で、残酷で、人間を押しつぶすようなものだ」

彼はこうも続けました。そもそも人生は血まみれ、泥まみれ、汗まみれ。傷つくなんて、当たり前のこと。本当の苦労というのは、そんなもんじゃない。意志の強い人間でも食いつぶしてしまう。それが、食っていく苦労というものだ、と。

苦しいときやつらいときは、あたかも自分だけが大変な思いをしていると考えがちです。まわりを眺めてみると、みなが幸福そうに見えてしまったりもする。

ところが一方で、端から見れば、「これは苦しいし、つらいだろうなぁ」と思えることを、ひょいひょいと楽しそうにこなしてしまう人もいます。

若い人からカリスマ的に慕われるある人物は、外から見ればものすごく軽やかに、楽しそうに、自由に仕事をしているように見える。しかし実際には、過去も現在も、大変な努力をしています。ところが、本人がそれを大変だなどと、まるで思っていなかったりする。

問われるのは、何を比較対象にするか、です。自分が苦労を判定する「絶対値」が高いか低いかで、同じ苦しみやつらさも、まったく違うものになるからです。

その意味では、「本当の苦しみ」に思いを馳《は》せることは、大いに意味がある。そのことで、つらさや苦しみは、まったく別のものになるのです。


——他者の苦しみと比べたことがありますか？

第6章

人

人と、どう付き合うか

他人は変えられない

人生でも、仕事でも、人間関係は必ずついてまわるテーマです。取材の中でも、いろいろな状況での人との付き合い方について話を聞き、ハッとさせられることがありました。

強烈な印象として残っているのが、この言葉です。

「他人は変えられない。自分が変えられるのは、自分のことだけだ」

20年近く連続で増収増益を記録していた経営者への取材でした。たしか上司とうまくいかない人の例を出して、質問したのではないかと思います。

こうやって書いてみると、至極、当たり前の話です。しかし、人間関係においては、知らずしらずのうちに、自分の思い通りにならない相手に対して、イライラが募るものです。

どうしてこの人は、もっとこうなれないのか。

もっとこんなふうならいいのに。

こういうことに、どうして気が回らないのか……。

しかし、どんなに相手のことを思ったところで、相手は変わってはくれません。

直接、こうすべきだ、と話しかけて交渉する方法もあるかもしれませんが、それでも相手が変わってくれるとは限らない。ましてや、お互いの人間関係がうまくいっていないのであれば、なおさら。さらに、上司ともなれば……。

というわけで、円滑な人間関係に持っていく方法は、実はシンプル。自分が変わればいい、ということになるのです。相手とぶつかって、うまくいかないところを変えていく。それだけの話です。

後に多くの経営者が、この考え方を持っていることに気がつきました。相手を変えるのは難しい。そこで、自分が変幻自在に変化していく。ちょっとしたことでいいのです。相手に合わせて対応する。それだけで、人間関係がうまくいく。まずは、自分が変わる。意外に気づけないことです。

──自分から変わろうとしていますか？

人が自分と同じであるはずがない

どうしてこの人は変われないのか、と相手を責めたくなるとき、多くの場合で基本的な原則が欠落している、と語っていたのは、あるコンサルタントでした。そもそも人は全員が違う。自分と同じではない、ということです。

それなのに、多くの人は「自分ならこうする」を相手にも押しつけてしまう。それが結果的に受け入れられずに、あれ？　ということになる。

相手がどんな考え方を持っている人なのか。本来は、それを聞き出すところからスタートしなければなりません。そうでなければ、相手のことはわからないから。自分とは何が違うのか、も聞かなければわからないのです。

「思いやり」とよく言いますが、一方通行で「思う」だけより、相手に「聞いてしまう」というのもひとつの方法です。

「そもそも人間と人間の関係は、想像しているよりも、はるかに難しいものだ」と語る人は少なくありません。ところが、人間関係はあまりに身近にあるものだけに、特別なものでは決してない、と甘く認識されてきた。それが、人間関係をより難しくさせている最大の原因である、と。

しかも、この十数年で周囲の環境は一変してしまっています。携帯電話やスマートフォンの登場で、コミュニケーションも大きく変わってしまった。それこそ、ＩＴツールが人間関係にどんな影響をもたらすのか、極めて慎重に見定めながら行動しなければいけないはずなのです。

さらに会社組織においても、年功序列や終身雇用といった枠組みが事実上、崩壊している。かつてと同じコミュニケーションのやり方を教えられても、うまくいくはずがありません。何より前提が違ってしまっているわけですから。

こうすれば人間関係はうまくいく、とうたったマニュアルや書籍もたくさんありますが、何より忘れてはいけないのは、人間関係はそもそも極めて難しいものだ、大変なものだ、という前提であり、基本原則なのです。

――人間関係は極めて難しい、と認識していますか？

ひとりではできない

一度ぜひ取材してみたい人がいます。

ノーベル賞を受賞した科学者ですが、私は彼の受賞時のコメントをあちこちのメディアで読んで感動したのでした。

日本のおかげで、大学のおかげで、仲間のおかげで、研究室の学生たちのおかげで、家族のおかげで……。口をついて出てくるのは、他者への感謝ばかり。記者会見には、奥さまを同席されました。

思えば、多くの成功者が、取材で関係者への感謝の気持ちを口にしていました。仲間が、部下が、かつての上司が、出資者が、コーチが、お客さまが……。

自分がどうして今のような地位を手に入れることができたのか。もちろん本人の努力もあったと思いますが、周囲の協力なしにはなしえなかったということを、みなさん強調するのです。

「私ひとりでやったわけではありませんから、ひとりでやったかのように書かないでください」

そうわざわざ言葉を添える人もいました。

取材をしている立場からすると、なるほどな、と思うわけです。こういう人だからこそ、まわりの多くの人たちが協力したのだろうな、応援したのだろうな、と。人にきちんと感謝する人に、悪い思いを抱く人は、まずいないでしょう。

もともとは誰だって半人前だったのです。育ててくれた誰かがいる。そういう人に、感謝の気持ちをちゃんと持っているか。

無理に口に出す必要はありません。気持ちさえあれば、それは自然と態度に出るものだからです。

逆にいえば、その気持ちがなければ、感謝の気持ちが態度に出ない人になってしまう、ということでもあります。

こういう基本的なことこそ、人はしっかり見ているものなのです。

――お世話になった人に感謝の気持ちを持っていますか?

「謙虚」は「成功」の重要条件

こんな人でさえ、こんなに謙虚なのか……。もし取材に同席していたら、間違いなく驚く人が多いと思います。芸能界の方から、上場会社の経営者まで、高い社会的地位がありながら、本当に謙虚な方が多いからです。

もちろん、例外もなかったわけではありません。しかし、そうした方は長くその地位にとどまることはできませんでした。

もしかしたら、謙虚であることも、成功するための重要な条件ではないか、と私は思うようになっていきました。

世界的に有名な、ある外資系企業のトップは、アメリカにあるグローバル本社の要職も務めていて〝日本人で最も出世した男〟とまで言われていました。写真を見ると、一見いかつい印象です。さて、どんな人が出てくるのか、とドキドキしながら取材に向かうと、やはり謙虚で、腰の低い人でした。

どうして、そんなに謙虚なのですか、という私の質問に、彼は答えてくれました。

「企業の風土がそうなのだ」と。

彼は入社したときに、びっくりしたのだそうです。まず、まわりの同僚の優秀さのレベルが違った。問われているのは、知識の有無などではなく、それをもとにどう決定して、どう行動するか、という「決定と行動」だったと言います。競争原理のレベルが違った、と。

しかもまわりの同僚たちは、すごいのに謙虚ときていたそうです。学ぶ精神もあり、自分にない他人のすごさもどんどん取り入れていく。

だから、ますますすごい人になる。競争はあるけれど、まわりから学ぼうという姿勢がある。

こういう風土をトップが作っていた。謙虚であることは、成功モデルであるとトップが認識していた。だからみんな当たり前のように謙虚だったと言うのです。

謙虚さをどこまで保てるか。それも、ひとつの器、なのかもしれません。


――謙虚さを常に持っていますか？

〝役割〟を意識する

ハリウッド映画にも出ている俳優は語っていました。彼は現場に行くと、まずざっとセットがどうなっているかを確認するのだそうです。これが中途半端なものではない。壁の色、椅子の位置、明かりの強さ、棚の上のほこり、テーブルの上の灰皿に盛られたタバコの量……。

ダメ出しをするためではありません。

プロの集まりである映画制作の現場では、それぞれがいいものを作ろうと極めて精緻なこだわりで仕事をしています。そのすべてを受け止め、スタッフたちの期待に応えられるよう、演技をしなければならない、と彼は気を引き締めるために確認をしていたのです。

感じたのは、まわりの人たちへのリスペクトでした。自分が主人公だから、などといった驕《おご》りはまるでない。たえず周囲に気を配り、周囲の協力があってこそ、自分も存在できるのだと認識している。

それこそ、仕事は〝役割〟です。組織人でも同じような考え方をしている人に、たくさん私は出会ってきました。

課長職や部長職が偉いわけではない。それは、組織に必要な役割として、自分にたまたま割り当てられているだけだ。ましてや人間としての上下を示したりするものでは、まるでない。勘違いをしてはいけない、と。

まわりに敬意を払うという意識を持っていれば、こういう感覚になれます。

社内に限りません。社外に出たとき、さまざまな〝役割〟を果たしている人に、どんな対応をするかに、真の人間性は出る。外注先にどんな態度で対するか。ランチを食べた店のスタッフにどう接するか。電車の車掌さんにはどうか。新入社員には。上司には……。

そして実は、それを多くの人が見ています。人としての尊敬や信頼が、そこから生まれたり、なくなったりしているのです。

――まわりの人が果たしている役割に気づいていますか？

肩書きを聞いてもすぐ忘れろ

私の職業は、フリーランスのライター。略してフリーライターです。講演の機会があったりすると、おどけて「フリーターと2文字しか変わりません」などと申し上げて笑いをとったりすることもあります。

社会的なイメージがあまりない職業だと認識しているので、私のような地位も名誉もない人間にどのような対応をとるのか、というのは、相手の人間性を知る上でわかりやすい試験紙になります。

実際、企業に取材に行くと、きちんとした身なりの中堅幹部が、「フリー」としての名刺にあからさまに侮蔑《ぶべつ》の表情を浮かべることもあります。エリート会社員にしてみれば、自分たちとは関わりのない職業、ということなのかもしれません。メディアの担当者と一緒に行くときには、どうせ外部の業者だろう、と挨拶もしてもらえなかったり、時には名刺すらもらえないこともあります。

しかし、企業でも社長への取材では（また他の著名な方々の取材でも）、私の肩書きに対して、そうした対応をする人にまずお会いしたことがありません。きちんと正面を向いて、よろしくお願いします、と言ってくれたりします。

中には、私にあれやこれやと質問してくるケースすらあります。何か学びがあれば、という姿勢を常に持っているのだと思います。

学生時代、飲食店でアルバイトをしていて、世の中には職業や社会的地位で人を判断する人がいることに気づきました。以来、飲食店の従業員やタクシーの運転手などにぞんざいな対応をする人とは、距離を置くことにしていました。

ある外資系トップが、取材でそんな私と同じ考えを話していて、驚いたことを覚えています。年下でも、社会的地位がどのようなものでも、どんな職業であっても、きちんと対峙《たいじ》すべきだ。歪んだ偏見や一方的な決めつけは持ってはいけない。

なるほど、選ばれるべき人が選ばれているのだな、と思いました。だからこそ私も、そうした方への取材でたくさんの学びをいつもいただけるのです。

――誰からも学ぶ意識を持っていますか？

叱られたら感謝せよ

若いときには見えなかったことが、年齢を経てだんだん見えてくるようになる、というのは、よくあることです。これが私の場合は幸いなことに、取材を通じて、ひと足先に教えてもらえたりする。本当にありがたいことです。これも、30歳を過ぎた程度では、きっと自分ではまだ気づかなかったと思います。

「叱ってくれる人にこそ、感謝しなさい」

あるタレントのひと言です。若い頃は、あれやこれやと叱ってくる人は、うっとうしいものです。むしろ、あまり多くを語らずにほったらかしにしてくれて、ときどき褒めてくれるくらいの上司や先輩のほうがいい、と思えたりする。

しかし、実際にはどうでしょうか。

もし、今挙げたタイプの違うふたりの上司や先輩に育てられたら、5年後、果たしてどちらが成長しているか。うるさく叱ってくれる先輩を持った人のほうなのです。

口うるさくなくて、ときどき心地いいことを言ってくれる上司や先輩は、若いときにはありがたいもの。しかし、これは一見やさしい対応に見えて、実は残酷な対応です。なぜなら、それでは後輩がちっとも成長できないから。

そして上司や先輩にしてみれば、適当にやさしくしていたほうがラクです。うっとうしいと思われたり、嫌われたりすることもないし、自分がイライラすることもありません。

逆に、叱り飛ばすとなれば、どうか。

叱るほうは、実は大変なのです。叱られる側が想像しなければいけないのは、叱ることにいかにパワーが必要か、ということです。大きなパワーをかけてまで、わざわざ叱ってもらっている、そのありがたさに気づく必要があります。

愛情があるからこそ、叱れるのです。愛情がなければ、誰も叱ってなどくれない。むしろ、叱ってもらえなくなったときや、叱ってもらえない会社こそ、心配すべきです。

――叱ってくれる人に、感謝していますか？

話す前にまずは聞け

ここ数年、ビジネスや就職活動で、重要なキーワードになっているものに、コミュニケーション力があります。

コミュニケーション力といえば、発信力だと考えている人が多いのではないでしょうか。

折しも、ネットやSNSなど、気軽に発信できるメディアが普及したことで、そのイメージがより強くなってきている気がします。

書くことと同時に聞くことも重要な仕事の一部になっている私にすれば、話すこと以上に、聞くことのほうがコミュニケーションでは重要なのになぁという思いがあります。取材で「聞く」が中心になるのは当然ですが、それ以外の場面でも、相手の話を聞くことができなければ、何を求められているかがわからないからです。

いくら上手に発信ができたとしても、相手が求めていない情報だったとしたら、どうでしょうか。それでは、評価は得られないはずです。

成功している人たちは「話すのがうまい」という印象を、多くの人が持っているかもしれません。

しかし、同時に、「聞き上手である」という印象も私は持っています。それは、話してみれば自然にわかります。

例えば、私が雑誌やネットメディアの取材で訪れるとき、取材を受けてくださる方の多くがまず知りたがるのは、それがどんな雑誌やサイトであるか、ということです。どんな読者に向けた、どんな内容を主に発信しているメディアなのか。それがわからなければ、そのメディアの読者に向けた適切な話はできないからです。

もちろん、事前に詳細を説明しますが、中にはもっと詳しく聞かせてほしい、とばかりに質問を繰り出してくる人も少なくありません。

また、インタビューをする私自身について、聞き出そうとする人もいます。これがまた、絶妙な質問を投げかけてくるので、驚かされることもしばしばです。

――発信することばかり考えていませんか？

静かな人でも、話したいことはある

時には、インタビューが非常に難しい、と言われる方の仕事があります。過去に難しさを実感した人がいたのか、事前にそんな情報が入ってくることもあるのです。

ただ、私の場合はできるだけ先入観を持たないように心がけ、また、相手の興味関心の強そうなところをインタビュー中に必死で探っていくことにしています。

見るからにシャイな雰囲気の、ある俳優のインタビューのことは今もよく覚えています。過去のインタビュー記事を読んでも、あまり詳しく語った形跡がない。とりわけプライベートや、ご自身の嗜好についての記述はほとんど見あたりませんでした。

私のインタビューは彼が出演した映画の紹介を兼ねての雑誌記事だったのですが、俳優自身の人となりがないといい記事になりません。だから、俳優になったきっかけや、転機になった仕事などを聞いていくのですが、どうにも盛り上がらない。

ただ、ひとつだけわかったのは、映画が好きで好きでしょうがない人なのだな、ということでした。

そこで、その人自身について聞くのをやめ、その映画の話を振ってみることにしました。それも、通り一遍の質問ではなく、誰も聞いていないような細かい質問をしてみよう、と。

試写会でその映画を見ていた私は、印象に残ったことを、映画館の暗闇の中でせっせとメモしていました。そのひとつが、ラストシーンで主人公の後ろに映っていた便所（時代劇で屋外ロケでした）に、大きなウジ虫が這《は》っていたことだったのです。

この話をすると、彼の顔がふわっと上がったのに気づきました。

「それを見つけるのに、スタッフは大変な思いをしたんですよ」

そこから、現場の話が続々と出てきました。他の質問にもたくさん答えてもらえて、インタビューは大成功に終わったのです。

したい話なら、人はする。ほんの小さなきっかけで、コミュニケーションが弾むことは多いと改めて気づいたのでした。

――相手が話したい話題を聞いていますか？

友達は「顔つき」で選べ

人には「顔つき」というものがあります。これは顔そのものとは別にあって、この両方から顔は作り上げられている。

文句なしにイケメン顔なのだけれど、どこか怪しいところがあるように思えてならない。顔そのものは必ずしも美しいというわけではないけれど、とても素敵な顔に思える……。

人の顔を見ていて、そんな印象を持つことがあるのではないかと思います。

顔かたちとは別に、その人の性格や考え方、教養、品性や器、さらには過去にやってきた行動を表しているのが顔つき、と言ってしまったら、言い過ぎでしょうか。

私はもう20年以上にわたって、毎週のように知らない人と顔を合わせ、じっくり1時間、2時間とインタビューする仕事を続けてきました。そうしているうちに、人の顔にとても強い興味を持つようになりました。

そして、いつ読んだかわからないくらい前に読んだ本の中で出てきた、こんなフレーズが、なんとも鋭いものであったことにも気がついたのでした。

「友達は顔や肩書きで選んではいけない。顔つきでこそ、選べ」

人柄は顔つきに出るものだ、という意味合いで使われていたのだと思います。どういうわけだが、このフレーズを私はよく覚えていて、自然にこれを実践に移していたのでした（そう、私は顔つきで友人を選んでいます。信頼できる仕事相手も、です）。

結果的に、私は本当に幸運とも思える友人関係を構築することができました。落ち着きのない人生を送ってきましたから、これまでどれほど友人たちに助けられたことか……。

そして、40年近い付き合いの小学校の同級生から、娘の学校のパパ友だちに至るまで、その広がりは今も続いています。

顔でもなく、肩書きでもなく、顔つきで選ぶ。取材で聞いたわけではありませんが、これは間違っていなかったと思っています。

――人を外見や肩書で判断していませんか？

気づかいは人のためならず

人生、どんな経験がどこで生きてくるかわからない。そんなことを取材で語っていた方は、少なくありません。私自身も、そんな経験を持っています。

大学を卒業して最初に入社した会社は、正直に言えば本意で選んだ会社ではありませんでした。就職活動がうまくいかず、先輩に紹介してもらった会社だったのです。そこは当時、いわゆる〝体育会系〟バリバリの会社でした。

それが嫌でたまらなかったのですが、このときに厳しく教えられた人付き合いの基本や商売の基本は、後の私にとって大きな財産になりました。フリーランスでありながら、服装から礼儀、締め切りまで、会社員以上に律儀だとときどき言われたりすることがあるのは、このときに仕込まれた経験が今なお根付いているからです。

中でも、トラウマになるほど厳しく指摘されたのが、気づかいでした。常に相手に気をつかえ、気を働かせろ、いつも周囲に気を配り、目を見開いて観察しろ……。

「お前はどうしてそんなに気が利かないんだ」と何度言われたことか。

ただ、おかげで気づかいの習慣が身につきました。どこに行っても、常にいろいろなところに気を配れるようになりました。そしてわかったことがあります。気づかいをしていると、相手からも気づかいをしてもらえる、ということです。こちらの気づかいに気づいていただき、瞬時に信頼関係を築けたことも何度かありました。

気づかいなんて面倒だ、どうしてそんなことをしないといけないんだ、という声が聞こえてくることもあります。人の時間を邪魔しながら、平気な顔の人もいる。しかし、こんな言葉が古くから言われているのをご存じでしょう。

「情けは人のためならず」

説明するまでもありませんが、人に対する思いやりや気づかい、情けをかけることは、巡り巡って自分に返ってくる、という意味です。

もとより、情けをかけてもらって嫌な顔をする人はいません。誰も損をする人はいない、ということ。そして、見る人は実にしっかり見ているものなのです。


——相手のことをじゅうぶん気づかっていますか？

「想像力」を働かせる

かつて拙著《せっちょ》で、私がどのような準備をして取材に臨んでいるかを書いたことがあります。それを見て、まさかこんなことまでやっているとは思わなかった、という声を頂戴したことがあります。

しかし、おそらく私が取材した成功者は、私の想像をはるかに上回る細かさで、仕事の準備をし、誰かに会うときの気配りをしているのではないでしょうか。

ある大学教授に、「経営の神様」と呼ばれた経営者と初めて会ったときのエピソードを聞いたことがあります。場所はホテルの一室。当時、教授は30代、経営者は60代。さすがに緊張したといいます。

高齢でもあり、ソファに座って待っているのかと思いきや、なんと部屋のドアを開けて出迎えてくれたのは、経営者自身でした。しかも、事前に教授の名前を調べ、姓名学の専門家に分析させて「いい名前ですね」と声をかけたと言います。経営の神様が、です。

どうしてこんなことができるのか。私はその理由のひとつは、「想像力」だと思うのです。仕事では、「創造力」が強調されることがよくあるのですが、それより想像力を重視したほうがはるかに有効です。なぜなら、創造力は誰にでもあるわけではなく、この力を磨くのは極めて難しいけれど、想像力は誰にでもあって、しかもそれを磨くことができるからです。

打ち合わせの時間は、何時くらいに設定するのが、最も相手に都合がいいのか。こういうメールなら、何時くらいに送るのが、最もいいか。この用件を、この時間に電話で相談するのは、いかがなものか……。一つひとつの言動やアクションにつけても、相手のことを想像して、きちんと気づかいができる。そういう人は、いい仕事をしているとと思うのです。

もし、想像力が伴っていない安易な言動をしてしまうと、うまくいくものもうまくいかなくなる。いかに細やかに相手を想像するかで、仕事の成否は決まるのです。

――相手について想像していますか？

してほしくないことを、人にしない

では、人間関係で想像力を働かせるとは、どういうことか。つまりは次のようなことではないでしょうか。

「自分にしてほしいことを、人にもする」

もし、こんなことをしてもらえたら、うれしいなぁと思うことを、相手にもする。これなら、決して難しくはないのではないでしょうか。

たしかに人はそれぞれ違います。しかし、「よかれ」と思って、誠意を持って想像した結果の行動ならば、相手が気を悪くすることは、まずないと思うのです。

例えば、初めて会うとき。相手が仏頂面で現れたら、誰だって嫌でしょう。だから、笑顔で入り、気持ち良く挨拶をするほうがいいに決まっている。

さらに、飲み会に出席するとき。自分のグラスが空になってしまったら、誰でも寂しいものです。だから、グラスが空いている人がいないか、目を配る。空きそうなら、注いであげる。

何かの場面に居合わせたとき、あるいは何かの行動をしようとするとき、自分ならどんなふうにしてほしいのか、を考えてみる。それだけで、気を配れるようになる。

ただし、これでは自分にしてほしいことしか思い浮かばない危険がありますから、常に人がしてほしいこととは何か、知る努力をする。目一杯の想像力を働かせる。それが大事になっていくということです。

逆に、こうも言えます。

「自分にしてほしくないことは、人にもしない」

人を平気で傷つけてしまう人は、この想像力が欠如しています。もし自分が同じことをされたら、ということに頭が及ばない。もっとも及んでいたら、そんな行動に出るはずはないのですが。

自分にしてほしいこと、してほしくないこと。その想像力を深めていくことは、相手への想像力も深める。そう思っています。

――自分にされたいことを、人にしていますか？

匿名発言には近づかない

多くの人間関係の失敗は、「自分かわいさ」から出発していることが多い、と語っていた人がいました。よく思われたいと思って、過剰な行動に出てしまう。どう対応しようか迷って、どきまぎしてしまったり、気をつかいすぎてしまったり。

周囲から誤解されるような言動も同様。人のせいにしてしまったり、誰かの悪口を言ってしまったり。

逆に、しないといけないことができなくなるのも、「自分かわいさ」から、といえるかもしれません。例えば、相手を批判すること。

衝突を避けることばかりを考え、批判しないのは、むしろ相手に失礼でもあるからです。なぜなら、それではお互いに成長できないから。

相手をリスペクトした上での批判や、相手の成長がイメージできる批判は、むしろするべきでしょう。

逆にいえば、してはいけない批判の仕方もあります。相手をリスペクトしていない批判や、相手の成長がイメージできない批判です。

典型的なのは、匿名で簡単に人を傷つけることができるようになったネット文化かもしれません。まるで自分の憂さ晴らしをするかのような、悪意に満ちた言葉を見かけることもあります。傷つけられている側へのリスペクトも、想像力もまったくない文章に出会うこともあります。

書いている側は、もしかすると、それほどの悪意はないのかもしれない。それでも受け手は激しく傷つくことは少なくありません。長く書く仕事をしてきて改めて感じているのは、文章の怖さです。文章は時に凶器になるのです。

匿名の批判に関しては、ある元ＩＴ企業の経営者がこう語っていました。大事なことは、近づかないことだ、と。「あそこに書かれているよ」とわざわざ言ってくる友人とも、距離を置くようにする。リスペクトのない批判に関わっても、何もいいことがないから。そういう思い切りも、時には必要です。

――スルーする勇気を持っていますか？

第7章 人生

人生を、どう見つめるか

「思い通りにならない」を楽しむ

いろいろなことが、どうにも思うようにならない。そんなふうに思っている人も、少なくないかもしれません。

では、うまくいっている人たちは、思っていたことがその通りになったのかといえば、まったくそんなことはありません。取材で聞こえてきたのは、むしろ、「こんなはずじゃなかった」と思うことの連続だった、挫折と失敗ばかりだった、という声でした。

なのになぜ、彼らは成功できたのか。ひとつは、何度も繰り返しているように、人生は思い通りになどならない、ということを、当たり前の事実として自ら受け入れていたからだと私は感じています。

思う通りになどならないとわかっていれば、そうなったとしてもクヨクヨすることなどない。中途半端でおぼろげな期待などしなければいいのです。

そしてもうひとつが、どうせ思い通りになどならないのであれば、それを楽しんでしまおうという姿勢です。こんなことを言っていた人もいました。

もし、何もかもが思う通りになってしまったとしたら、それは面白い人生と言えるのか。大した努力もせずに物事を達成してしまえたら、それは本当にうれしいことか。むしろ、思い通りにならなくて、なかなか前に進めないからこそ、人生は面白い。そこから、どうやって自分なりに突き進もうかと考えることが、人生の醍醐味を生む。うまくいかないこともひっくるめて、人生を楽しんでしまおう、と。

もとより人生は、矛盾だらけ、なのです。頑張った人が報われるとは限らない。正しいことをした人がうまくいくとは限らない。一生懸命に生きていても、思わぬところで足をすくわれたりする。

しかし、嘆いていたところで、どうにかなるわけではない。ならば、矛盾も含めて受け入れてしまう。

人生をしたたかにとらえる。そこから始めるのです。

——人生の矛盾に悩んでいませんか？

うまくいったときこそ、変化を求める

20代の若者よりも、はるかに若々しい。そんな年輩の経営者や学者、職人にたくさんお会いしてきました。

彼らを見ていて強く感じたのは、「変わることをまったく恐れていない」ということです。

人は、何かがうまく行き出すと変わることを恐れるようになります。うまくいっていなくても、恐れる人もいる。

変化そのものを、避けたいものだと考えている人は、たくさんいるのではないでしょうか。なぜかといえば、変化が起きれば、先が見えなくなるから。先のことをちゃんと見据えて、生きておきたいから。そのほうが安心だから……。

そういえば、今の若い人は将来のことをちゃんと考えている人が多い、という私のコメントに、取材中に食ってかかってきた年輩の人がいました。

それは本当の将来ではなくて、自分が予想できる将来だろう。そんなものがあてになるはずがない。予想通りになんか、とてもいくわけがないということから、まずは理解しないといけないんだ、と。

変わることを恐れるべきではないのは、世の中が変わっていくからです。まわりが変化していくのに、自分が変化していかなかったらどうなるか。古い価値観のまま、置いてきぼりになっていくリスクを背負い込むことになります。

しかし、年輩の方の多くは、そんなふうには表現されませんでした。変わることが、実はとても楽しいことだ、と語るのです。

世界が違って見えてくる。自分の成長にも気づける。そうすれば、自然と自信までついてくる。自分が変われば、世界が変わるのだ。若い人は、そこに気がついていない、と。

それこそ、長く生き抜いてきた人生の達人ならではの、知恵のひとつだと思いました。


――自ら変わろうとしていますか？

予習しすぎない

今やネットで何でも調べられる時代。しかし、知識を得ることが、すなわち理解をすることとは限りません。外資系企業のトップが、こんな話をしていました。

あるとき学生に集まってもらい、日本企業についてディスカッションしてもらった。すると、出てきたのは、ネガティブなコメントの嵐だったと言うのです。

「日本の会社は体質が古くて魅力がない」

「年功序列、終身雇用では国際競争に取り残される」

「だから、行きたい会社がない」……。

彼は話を聞いていて、呆れてしまったと言います。まるで海外のジャーナリストによる紋切り型の日本企業論をそのまま鵜呑みにしてしゃべっているみたいだった、と。

実際には、日本の大半の企業は大きな変革をしているのに、学生はそれを知らなかった。あるいはネットの情報や就職情報を見て、すべてわかったような気になってしまっていたのではないか、と。

それを彼は、「予習文化の弊害」と呼んでいました。事前に予習しすぎるために、経験の幅を狭め、自らの可能性を閉ざしてしまう。

なまじっか知識がある人は、実は危険と隣り合わせです。その危険とは、実際とは違っているのに、そうだと思い込んでしまうこと。これは、多くの場面で起こりえます。

だからこそ、持っておかなければいけないのが、「常に自分の頭で考える」という姿勢です。情報や知識は溢れているけれど、あくまで自分の頭で考えて結論を出す。これは正しいのか、と疑ってかかる、自分の頭で考えて、判断する。

考えた末の結論が、間違っていてもいいと思うのです。この外資系トップも言いました。自分でしっかり考えたことであれば、あらゆる経験が自分にとっての糧になる、と。逆に自分でちゃんと考えていないことで足元をすくわれたら、何ら得るものはない。残るのは、激しいショックだけです。

――情報を鵜呑みにしていませんか？

ちょっとずつ、ちょっとずつ

後に書いた小説がミリオンセラーになったある作家は、凄まじい20代を送っていました。大学を出た後、彼は就職したくなくて、いわゆるプータローになります。お金はなく、時には腐った食べ物に手を出す始末。おなかを壊してしまうけれど、水道が止まっているのでトイレが流せない。困り果てて友だちにタカりまくり、愛想をつかされ、軽蔑され、消費者金融に金を借り……。

将来のことを考えるなんて、とんでもなかったと言っていました。それよりも、今日どうやって食べるかが何よりの心配事だった、と。そして気がつけば、20代も後半になっていたのだそうです。

彼は当時を振り返り、こう断言しました。20代は苦労したほうがいい、と。そして、こうも言っていました。一番大変なのは、若くして成功してしまうことだ、と。

もし20代でうまくいって、30代以降、落ちていく一方の人生だとしたら、それは本当につらい人生ではないか。自分はひどい20代だったけれど、だからこそ希望を持っていた。それは、ちょっとずつ、ちょっとずつ、今より良くなっていくことが実感できたから。それで十分だった、というのです。

考えてみれば、いきなりとんでもないことが、できたりするはずはありません。ましてやごく普通の暮らしをしていたなら、なおさらです。

その意味では、ちょっとずつ、ちょっとずつ、何かに近づいていけばいいと思うのです。そして自分自身の自己評価も、ちょっとずつ、ちょっとずつ上がっていけばいいのではないでしょうか。

どうして彼がミリオンセラーを出せたのか。自分でその理由を語っていました。20代に、とんでもない経験をしたからだ、と。大きな成功を夢見ているのなら、おとなしい20代、30代を送ってはいけないのかもしれません。

考えてみれば、プータローでも10年食える国は、世界にそうそうない。この国に生まれた幸運を、思い切ったことに使ってみるのも、ひとつの方法かもしれません。

――成果を急いでいませんか?

家族との時間を犠牲にしない

外資系企業では、偉くなるほどハードワークになっていく、と聞いたことがありました。それは、ただ長時間働く、というわけでは決してないのです。同じ仕事も、できるだけ短い時間でこなしていくことが求められる。欧米のエグゼクティブは、なるほどそうやって鍛えられていくのか、と感じたことを覚えています。

一方で、ある外資系企業の社長から、ショッキングな話を聞いたことがあります。彼は30代で日本企業から転職するのですが、前職時代はとにかく猛烈に働いていたのだそうです。そうした風潮の時代でもあったのかもしれませんが、午前0時前になど、帰ったことがなかったといいます。

それが職場では当たり前になっていたし、ある意味でプライドのようなものになってしまっていたのだそうです。

ところが、イギリス系の会社に転職し、ロンドンに勤務することになって、驚くことになります。誰もそんな長時間労働をしている人はいなかったからです。

もっといえば、誰もそんな人を尊敬しない、とすぐにわかったといいます。

尊敬されるのは、ファミリーを大事にする人です。

子どもが病気になったら必ず、帰れ、と言われる。どんなことがあっても、自分の家族を犠牲にしてまで仕事をしろとは絶対に言わない。それが当たり前の発想だった、と。

自分は日本でとんでもないことをしていた、と彼は反省することになったのです。そして改めて気づいたのが、もちろん仕事も大事だけれど、最も大事なのは家族だ、ということ。

グローバル化が進む時代、こうした発想が、日本でも浸透してくるかもしれません。そういえば、こんなことも言っていました。休暇というのは、2週間とってようやく休みだと言えるとわかった、と。

これもまた、ぜひ浸透してほしい〝常識〟です。

——**仕事を最優先にしていませんか?**

「文系」と「理系」を分けない

世界に知られる研究を推し進めている科学者たちへのインタビュー連載を担当したことがあります。次世代高速飛行機、アンドロイド、透明人間、トランスポーテーション……。まさに最先端分野の研究を進める科学の天才たちですが、彼らに出会い、極めて意外だったことがあります。

数学的な才能に溢れていることはいうまでもないのですが、では彼らの話が理系的なのかというと、まったくそんなことはなかったのです。

取材中、まるで哲学者の話を聞いているような錯覚を覚えることがありました。人間とは何か、生きるとは何か、という話になっていく。

ある科学者は、本当は美術大学に進むはずだったそうです。美術と科学、なかなか結びつかないキーワードでした。話を聞いて驚いたのは、単に人体のメカニズムとしではなく、人間の内面への探求を熱心に進めていたことです。

ＩＴの分野で世界的に知られるアメリカの大学教授は、アナログの素晴らしさについて力説していました。宮沢賢治の詩の肉筆原稿を見て、書いては消し、消しては書き、が繰り返されていたことに、衝撃を受けた。その軌跡に、彼の苦悩のプロセスが現れていた、と。デジタル分野の第一人者なのに、凄まじい感性のレベルで、アナログというものを捉えていたのです。

文系とか理系とか、デジタルとかアナログとか、人は既存の区分けで物事を分けてしまいがちです。しかし、その区分けは過去に誰かが勝手に作ったものに過ぎません。永遠に通用するもの、とは限らないのです。

脳、神経科学、ロボット工学、心理学、生理学など、さまざまな分野を融合させた新テクノロジーの「サイバニクス」をビジョンに掲げる研究者は、こう言いました。

「大事なことは、分野を問わない力を身につけること。専門が何か、など関係がない。コンピュータが出始めた時代、コンピュータの分野などなかった」

勝手な区分けや分類は、未来の可能性を閉ざしてしまいかねないのです。

――既存の分類にこだわっていませんか？

ヒーローインタビューを受けられるか

なるほどうまいことを言うなぁ、と感じた取材がありました。成功を目指している若い人にメッセージを、という質問に、ある経営者がこう答えたのです。

「自分がヒーローインタビューを受けているところをイメージしてみればいいんじゃないですか。そうすれば、わかると思うんですよ。もし今、インタビューで語るに足る内容がなかったとすれば、まだまだ成功にはほど遠い、ということです。いつか成功したいなら、ヒーローインタビューに答えられるような体験を求めればいいと思うんですよ」

これは、取材をする側にとっても、なんとも腑に落ちる話でした。注目した人がいて、話を聞きに行ったとする。ところが、面白い話が聞き出せなければ、インタビューは失敗です。

うまくいっている人はみな、インタビューに答えられるだけの経験をしている、ということです。人の心を動かせるだけの体験や物語がある。

成功をつかみたい、うまくいく人になりたい……。でも、そのためには、やらなければいけないことがある。それを通過していなければ、成功への道はない、と。

裏返してみると、もし今、自分が何らかの苦しみや悩みを抱えているとすれば、それは良好なシグナルかもしれません。なぜなら、それが解決したとき、語るべき内容のひとつになり得るから。

もし今、その経営者に話を聞きに行ったら、こんなことを言われるかもしれません。いっそのこと、もっと苦しみなさい、もっと深みに自分を追い込みなさい、それこそが、成功への近道だ、と。

もちろん、できるだけ変化の少ない静かな人生を送る、という選択肢もあります。しかし、せっかく一度しかない人生、思い切って踏み出してみる、という生き方もあっていいと思うのです。

それこそ、成功を目指すのであれば。

――ヒーローインタビューで、何を話しますか？

若いときに憧れたゴールは間違っている

私自身もそうでした。若い頃は、華やかな成功に憧れる。その典型例が、若くしてうまくいくことです。それを成し遂げた人への憧れ、うらやましさ、焦り……。そんな気持ちから、就職活動、転職活動に挑んだり、とにかくガムシャラに働いたり、自分を勇気づけてくれる本を読んだり、映画を見たり、いろいろなことをやりました。

人生というのは本当に残酷で、頑張ったらうまくいくとは限りません。一方で、強力なコネで就職が決まる人もいる。親の七光りで簡単には立てないスタートラインに立ってしまう人もいる。しかし、自分には何もない。世の中の不平等や不公平を嘆いたのも、若い頃でした。

ただ、うまくいっている人たちに20年以上にわたって取材をしてきて改めて感じるのは、今の状況だけを見つめていても意味はない、ということです。

例えば、不平等や不公平に思える幸運でチャンスをつかんだ人は、果たして本当にこの先もずっとうまくいくのかどうか。たしかに今は、人もうらやむ状況にあるかもしれない。でも、本人にとってはどうなのか。

もっと言ってしまえば、仮に若いときに大きな成功を勝ち取れたとしても、40代、50代、さらに晩年、つらい状況に陥ってしまったとしたらどうか。人生トータルで見てみると、それはいい人生だったといえるかどうか。

大事なことは、「死ぬときにいい人生だった、と言えることだ」と断言した人がいました。人生のピークを無理に若い時代に持ってくる必要など、まるでない、と。勇気が出る言葉だと思いました。

そして、人生は積み重ねです。著名なあるアーティストはこう言っていました。20代にやってきたことは30代につながり、30代にやってきたことは40代につながった、と。おそらく40代は50代につながり、それは後につながっていく。あとで挽回する、というわけにはいかない。

だから、一生懸命に生きる意味が出てくる。それは必ず後につながっていくのです。

——早いうちの成功を求めていませんか？

正しいことをする

「そんなきれいごとで生きていけるかよ」

こうした発言が出てきてもおかしくないようなギラギラした人にも、何度もインタビューしている私ですが、一度としてこんな言葉を取材で聞いたことはありません。

もちろん、すべての言動を見聞きしたわけではありませんが、多くの人の行動原則は、「正しいことをする」ということにあったような気がします。実際、そう語っていた人も少なくありませんでした。

先約があったなら、もっといい話が後から来たとしても、先約を大事にする。時には利益を度外視してでも、やるべきことを貫く。不正はしない、受け付けない。嘘をつかない、騙《だま》さない。自分のミスは素直に認め、他人のせいにしたりしない。相手のミスや不幸につけ込まない。判断に迷ったときは、正しいほうを選ぶ……。

中には良心のかけらすらなく、正しくないことを正しくないとわかった上で行動する人もいる。そして、大きな利益を手にする人もいる。

でも、間違いなく言えることは、それは多くの人々に賞賛されることではない、ということです。

何度も書きますが、人は意外なほどに他人の行動をよく見ているものです。また、正しくない行いは、顔つきに出る、と語っていた人もいました。いずれその代償を別の形で支払わなければいけなくなるだろう、ということです。

ある経営者は言いました。歴史に学ぶなら、正しくないことをしてうまくいった事例はない。仮にいっときはうまくいったとしても、末代まで正しくない行いをしたことを非難し続けられることになる。そして、今も残っているのは、正しいことをせよ、という教えである、と。

もっとシンプルに正しさの功名をご存じの方が多いかもしれません。それは、正しいことを選んだほうが、気持ちがいいということ。どうやらその気持ちを、ずっと持ち続けておいたほうが、よさそうです。


――正しいことをしようとしていますか？

「誠実」は最大の武器

正しいことを貫くとは、どういうことか。ひとつ象徴的な話を取材で聞きました。ある流通企業が中国に進出したときの話です。

当時の中国では、驚くべき慣習がありました。中国人の商売は、できるだけ支払いを先延ばししようとするのが常識で、チャンスと見れば踏み倒すことも珍しくない、と言われていたのだそうです。

こんな諺《ことわざ》が、平然と語られていたほどです。「金を貸すバカ、返すバカ」。実際、会計責任者の能力は、いかに支払いを先延ばしにするかで決まっていました。まじめに期日通りに、などというのは、中国人にとってはバカそのものだったのです。

ところが、この流通企業の社是は、「誠実であること」でした。嘘をつかない、約束を守る。日本でも、まじめに期日通りに支払い、手形商売もしてきませんでした。

その理由は、手形で商売をすれば安易になる、どんぶり勘定になる、ということです。中国の常識に染まるのか、それとも誠実さを貫き、良心に従うのか。この流通企業が取ったのは、後者でした。周囲から失笑が漏れたのは、いうまでもありません。ところが、この誠実さが、後にこの企業を救い、躍進させることになるのです。

開業から数年後、中国はＳＡＲＳに襲われました。街からは人影が消え、商業施設には閑古鳥が鳴きました。どの会社も資金繰りに窮していきます。

すると、支払期日を守る、と宣言していたこの流通企業に、売れ筋商品が山のように持ち込まれることになったのです。こんなときでも必ず支払ってくれるから、と。周囲の商業施設が仕入れの品不足に悩む中で、この流通企業にはモノが溢れ、消費者から絶大な支持を得ることになります。

逆風の中で方針を決断した役員は言いました。当たり前のことをしただけだ、と。正しいことは誰にとってもありがたいものになります。だから結果的に、自分たちも大きな恩恵を被《こうむ》ることができた。常識に反すると言われても、正しいことができるかどうか。それが、企業の命運を分けたのです。

――間違った常識に振り回されていませんか？

今、生きていることに感謝する

それはインタビューが終わった後のことでした。85歳の元大学教授に食事に誘われ、編集者と3人でレストランに出かけました。少しアルコールが入った後、彼はこんな話を始めました。東日本大震災の数カ月前のことでした。

「新聞には、社会面に小さなカコミの死亡記事がある。それを読んだことがあるか。私はいつでも自分の名前がここに載ることを想像している」

彼は毎日必ず、その記事に目を通している、と語っていました。いろいろな人が、いろいろな死に方で亡くなっている。ある人は交通事故で、ある人は災害で、ある人は殺人事件に巻き込まれて……。

しかし、こうして新聞に掲載されている死は、実はほんの一部に過ぎない。日本国内では、それよりはるかに多くの人が思いがけない死に直面している。そのことを想像してみたことがあるか、と。

彼は続けました。今、こうして自分が生きていられることが、いかに幸運で、貴重で、幸せなことであるかに、果たして君は、気づいているか、と。

たしかに、言われた通りでした。いつ何時、自分の名前が新聞のカコミ記事に載るかもしれない。自分でなくとも、家族や親族や、友達が載るかもしれない。誰もが、思わぬ事故で不測の事態に陥る可能性が潜んでいるのです。

「だから、感謝しないといけない。今日も生きていられた。何事もなく平穏無事に過ごせた。その気持ちを、今の人たちは忘れている」

戦争を生き抜いた人たちには、壮絶な生への意識があります。生きているだけで、どれだけ幸せか、毎日ご飯が食べられることがいかに喜ぶべきことか。戦争が終わった今でも、生きていくことは、実は本当に大変なことなのです。

だから、毎日、生きていることに感謝する。一日を大事にしようとする。人生を大事にしようとする。それだけで、世の中も、人生も違って見えてきます。明日が、明後日が、必ずあるとは限らない。それは、本当の話なのです。

——今日一日を大事にしていますか？

第8章

幸福

幸福を、どう定義するか

「いい暮らし」が幸せではない

電車に乗っている人がどんな表情をしているかで、その国の状況がわかる、と言っていたフランス人がいました。日本ほど豊かで、心地良く過ごせる国はない、と感じていたが、電車に乗っている人々の表情を見ると、日本人の幸福度は決して高くないのではないかと思ったといいます。

彼はその要因を探り始めました。大学で教えていたこともあり、学生たちの動向もその大きなヒントになりました。そして気づいたのが、日本では幸福とされているもののモデルが極めて少なく、しかもステレオタイプである、ということでした。しかも、確たる裏付けもないのに、多くの人が盲目的にそれを信じ切っているとしか思えない、と彼は感じたそうです。

例えば、「いい学校、いい会社に入れば、幸せになれる」。こんな言葉が大手を振って歩いていたことを、学生に聞いて知りました。彼はびっくりしてしまったそうです。世界のどこに行っても、こんな〝方程式〟はありえない、と。肩書きが、大きな意味を持ち過ぎているのではないかと。

「お金を持っていれば、幸せになれる」という考えも同じです。彼は世界中を旅して、お金があるのにまったく幸せそうじゃない人を大勢見ていました。一方で、お金を持っていないけれど幸せな人たちも大勢、見ていました。

さらに「多くの人が憧れるモノを手に入れている人が、幸せな人だ」。これにも驚いていました。しかも、モノそのものを手にするだけでなく、持っていることで外からの評判が上がることを期待しているのではないか、と気がついて、それは歪んだ考えだ、と思ったそうです。

実際には、人々はさまざまなものに価値を感じています。答えた学生たちにしても、本当はもっと多様な考えを持っていたはずです。しかし、ヨーロッパの人たちと違い、「幸福とは何か」を議論するチャンスが少ないのかもしれません。考えさせられる、悔しい話でした。

――人が作った幸福モデルに惑わされていませんか？

「曖《あい》昧《まい》な日本語」に注意する

世の中で言われていることは、本当に正しいのか。文章を書く仕事をするようになって、そんな疑念を持ち始めました。日本語というのは、実は極めて曖昧な側面を持っています。だから、なんとなくわかったような気になって、物事が進んでいってしまうことがある。

例えば、前項でも出た「いい会社」という言葉。しかし、この言葉がいかに曖昧でいい加減な言葉であるか、よくよく考えてみるとわかります。何を指して「いい会社」なのか、ひと言も言っていないのです。

「いい会社」の意味を伝えたいのであれば、何が「いい」のか、きちんと中身を明らかにする必要があります。財務内容がいいのか、事業内容がいいのか、従業員満足度がいいのか。ところが、「いい会社」という言葉だけで通用してしまう。社会で当たり前のように使われている。いい会社に行きなさい、いい会社に入りたい、いい会社に入ったね……。

私の書くキャリアのスタートは広告の制作でした。まず上司に言われたのが、「わかったようで、わからない言葉を使ってはいけない」でした。これは極めて的確なアドバイスだったと思っています。

その典型例が形容詞でした。求人広告を作っていた私が使ってはいけない言葉の筆頭が、この「いい会社」だったのです。「この会社は、いい会社です」などという広告コピーを作っても、誰にもその会社の良さが伝わらないからです。

要するに、これほどぼんやりした、曖昧でいい加減な言葉を使って、いろいろなものが定義されていたりする、ということです。世の中を、大手を振って歩いているのは、この程度の言葉かもしれない。私は、愕然としました。

似たような言葉は、他にもたくさんあります。「みんな」もそのひとつです。「みんな」とは一体、誰のことなのか。誰と誰と誰なのか。それがはっきりしていないのに、「みんな」で多くのものが正当化されたりする。曖昧な日本語は、極めて要注意です。

――安易に「いい」とか「みんな」などと言っていませんか？

目指すべきは地位ではなく、幸せ

もうひとつ、世の中で言われていることは本当なのか、と自分自身を疑う経験を私はすることになります。

独立したばかりの起業家や小さな企業の社長に取材をする仕事でした。これが想像をはるかに超えた面白い仕事だったのです。従業員が数人しかいない。狭くて古くて汚いオフィス。社長の給料はとんでもなく少ない……。

しかし、驚いたのは、取材に訪れた私やカメラマンを歓迎してくれた社長たちの目が一様に輝き、自分たちのことを本当にうれしそうに語ってくれたことです。ほとんど例外なく、誰もが幸せそうでした。社会でエリートと呼ばれている人たちよりも、はるかに幸せそうな人も少なくありませんでした。

このとき、気がついたのでした。

もしかすると、社会的な地位を手に入れることと幸せになることとは、まったく別物なのではないか、ということに。

実際には、すでに社会的な地位を手に入れているのに、必ずしも幸せそうな人ばかりではなかった。あるいは、人がうらやむような有名企業に勤めているのに、まったく笑顔がない。つまり、社会的な地位や有名企業の看板が幸せを保証してくれるわけではない、ということです。

では、多くの人は、何を求めて生きているのでしょうか。地位を手に入れることなのか、それとも幸せになることなのか。そこを間違えてしまっては危ないと思うのです。もっといえば、社会的地位などに関係なく、幸せは存在するということです。

高校生に講演する機会があって、私はこの話をしました。うれしかったのは、聞いてくれた高校生の多くが、この話が最も印象に残ったと言ってくれたことです。ある男子生徒は、こんな言葉を、男の子らしい手書きの字で寄せてくれました。

「大切なのは、成功よりも、幸せになること。衝撃でした」

――単に成功を目指していませんか？

お金は後からついてくる

幸福を大きく左右すると世の中で考えられているものに、お金があります。もちろん、お金はあるにこしたことはありません。しかし、ではお金が人を幸せにしてくれるのかというと、これまた必ずしもそうではない。そう語っていた人が大勢いました。

私自身、20代は猛烈な上昇志向と成功願望があって、ギラギラしていたと思っています。お金がたくさん欲しいと思っていましたし、お金があれば幸せ度は大いにアップすると思っていました。

だからこそ、お金とどう向き合うかは極めて興味深いことであり、取材に行っても、お金についてよく質問していました。

まず意外だったのは、成功してお金をたくさん持っている人たちの多くが、ほとんどお金に関心を持っていなかったことです。少なくとも、それが頑張る主目的だという人はいない印象でした。そうではなく、お金は後からついてくるもの、それはこちらから追いかけるものではない、という声が多く聞こえてきました。

面白いことを言っていたのは、ある起業家でした。

「お金は楽しいところが好き。だから、楽しんでいないところには、お金は来ない。楽しむ姿勢が大事」

考えてみれば、お金はツールなのです。何かを楽しむための道具です。お金それ自体があったところで、楽しもうとすることがなければ役には立たないことになります。

つまり、自分のしたい楽しいライフスタイルがあって、そこに必要になるのが、自分が求めるべきお金であるということ。

そういえば、こんなことを言っている起業家もいました。こんな暮らしがしたい、と頭の中でずっとイメージし続けた。だから、そうした暮らしが手に入れられたのかもしれない、と。

まずは、楽しく暮らすことを考えてみる。どんな暮らしが理想なのかイメージしてみる。そこから、頭を巡らせてみるのも、お金と付き合うひとつの方法です。


——**理想のライフスタイルが描けていますか？**

ないものを数えず、あるものを数える

たくさんモノが欲しい、いろいろなモノを手に入れたい……。そんな欲望も、幸福感につながる重要な要素だと考える人がいます。しかし、注意しなければならないのは、なぜモノが欲しいのか、ということかもしれません。

おそらくそこには、純粋に自分で使う、という以外の要素が含まれていると予想できるからです。人からうらやましく思われたい。すごいと思われたい。自分のステージを上げたい……。

最近では、若い人たちを中心にブランド志向のようなものは、ずいぶんなくなってきているようです。ブランド物を持っていることがカッコイイ、という社会通念が消え去りつつある。極めて健全なことだと私は思います。

社会に出て最初に就職したのが偶然、アパレルメーカーだったこともあり、ブランドについては、自分なりに勉強をしました。そこで知ったのは、ブランドの発祥は貴族だった、ということです。一部の人しか持てない、のではなく、一部の人しか持たない、のが伝統的なブランドだったのです。

分不相応なブランドや価格の製品を手にすることは、むしろ恥ずかしいこと、という社会通念を持つエリアもある。そんな事実もあるのです。

モノを持つことと幸福について、年輩の作家からハッとさせられる話を聞きました。世界中を見て回った彼女は、日本がどれほど恵まれた幸せな国であるか、多くの日本人が知らないと嘆いていました。そして、語られていたのが、この言葉です。

「ないものを数えるのではなく、あるものを数えよ」

すでにあるものを考えれば、驚くほどのものを、日本人は手に入れているのです。すでに、大変な幸せを手にしている、ということ。にもかかわらず、これ以上、何を求めるのか、と。

これはモノに限りません。すでにあるものについて、考えを巡らせてみる。そうすると、すでに自分がたくさんのものを手に入れていることに、気づけるのです。

――すでに持っているものに、気づいていますか？

あえてネガティブを選べ

2つの選択肢があるとき、どちらにするか。

仕事でも日常生活でも、あらゆる場面で直面することです。どういう基準で選択をしているのか、成功してきた人たちにぜひ聞いてみたいことでした。

極めて興味深かったのは、あえてネガティブに思えるほうを選ぶ、と答えていた人が少なくなかったことです。

失敗するとわかっている選択肢はもちろん選びませんが、あえて大変なほうを選ぶ。面倒なほうを選ぶ。苦労しそうなほうを選ぶ。報酬が少ないほうを選ぶ。人が行きたがらないほうを選ぶ……。

なぜか、と尋ねると、よく返ってくるのはこんな答えでした。そのほうが面白そうだから。そのほうが、成長できるから。そのほうが、人の役に立てるから。

なかなかできることではない、と思います。ただ、そこにはひとつの真理が詰まっている、と私は感じました。

それは、一見こっちを選んだほうがトクだ、と思えるものが、必ずしもそうではない、ということです。トクだと思ったことが、後で大きなソンをもたらしたり、ソンだと思ったことが、長期的に見れば大きなトクになるかもしれない。ソンな行動を選んだことで周囲に評価される可能性もある。

それこそ今は、「コスパ」つまりコスト・パフォーマンスで物事が判断される時代だと耳にします。

それを否定するつもりはありませんが、判断とはそんなに簡単なものなのか、という認識は持っておく必要があると思います。それでなくても本来は判断が難しいものを、コスト、つまり金銭という一時的な軸だけで見られるか。

人生とは、ややこしくてやっかいなものです。今日明日で答えは出ません。

だから、損得にはもっと謙虚でいること。頭の片隅に、置いておいたほうがいい、と思います。

──損得を簡単に判断していませんか？

幸せになれない人がいる

うまくいっている人たちに、たくさん取材をするようになったのは、20代の後半からです。今、振り返ってみても、本当に幸運なことでした。自分自身、成功したかったし、幸せになりたかった。それを成し遂げた人たちに次々に会いに行けるわけですから、面白くないわけがありません。

仕事であることをはるかに超えた興味で、私は取材に向かっていました。幸いにも仕事を支持いただけたのは、読者と同じ視点で向かっていたことも大きな理由だったと言えるかもしれません。

同時に、成功したい、幸せになりたい当事者として話を聞きに行っていましたから、やがて自分なりに、いろいろな気づきを得ることになっていったのでした。

そのひとつが、幸せになれない人がいる、ということでした。それはどんな人かといえば、極めてシンプルです。自分で幸せを定義できていない人、です。これが自分の幸せだ、ということが、決められていない人。

こういう人は、どこに行っても、何をしても、どんなモノを得ても、満足することができないのです。他にも何かがあるはずだ、もっと幸福感が味わえるものがあるはずだ、他の場所に行けば見つかるはずだ、とばかりに、いつまでも〝青い鳥〟を探し続けることになってしまう。

必要なことは、自分の幸せを自分で定義してしまう、ということです。これで自分は幸せだ、これこそが幸福だ、と。

食べることに困っているわけではない。大好きな本や音楽に囲まれて暮らせている。必ずしもなりたかったわけではないけれど、充実した仕事を手にできている。それで十分と思うなら、それで十分なのです。

どこかに正解があるわけではありません。自分で判断してしまえばいい。誰がなんと言おうと、私が幸せだと思えば幸せ。世の中で言われているようなことに、何ひとつ合致していなくても、自分が幸せだといえば、それは幸せなのです。


――自分の幸福を定義できていますか？

幸せは「プロセス」にある

幸せというのは、何か形のようなもの、ゴールのようなもの。私は当初、そんなイメージを持っていました。

世の中に漠然と広がる価値観に、私自身が多分に影響を受けていたのではないかと思います。

いい会社、社会的地位、肩書き、賞賛、お金、家、車、モノ……。ところが実際には、幸せとは簡単に即物的な文字にできるようなものではなかった、ということも取材を通じて学びました。

例えば、こんなことを語っていた経営者がいました。

「上場を目標に突っ走ってきたけれど、上場できたときに幸せ感を抱けたのかというと、実は違った。もちろん、うれしい気持ちはあったけれど、そのとき以上に充実感があって幸せな気持ちを持てていたのは、上場まで社員全員で必死で突っ走っていた過程にあったのだ」

端から見れば、上場できた瞬間こそ、幸せの瞬間ではないか、とイメージしてしまいがちです。しかし実際には、そうではなかったというのです。そこに至るまでの充実したプロセスこそが、幸せな時間だった、と。

他にも似たようなコメントをもらったことが何度もあります。幸せだと想定するものに向かって走っている途中こそ、充実した時間を過ごせている日々こそが、幸せだったと言うのです。実はその途中の日々は、苦しい日々だったかもしれなかったのに、です。

年配の方への取材でよく耳にしました。幸せは、意外なところに潜んでいる。思ってもみないところにあって、手にしているのに気づけていないかもしれない。

幸せはとんでもなく遠いところにあるわけでもないのだ。むしろ、すぐ近くにあったりする。少しまわりを見渡してみるだけで、多くの人が、意外に、たくさんの幸せを実感できるはずだ、と。

――身近にある幸せを実感できていますか？

どうなりたいか、より、どうありたいか

日本では、「幸せというのは、目指すもの」というイメージがあるのではないか、と語っていた経営者がいました。しかし、うまくいっている人たち、さらには幸せな空気を醸《かも》し出している人たちから受け取った印象は、「幸せというのは、そこにあるもの」というイメージでした。

目指すもの、と言った瞬間に「遠いところに取りに行くもの」になってしまう。しかし、幸せというのは、そこにあるもの、というのがぴったりの気がする、ということです。決して特別なものではない、と。

実際、幸せとは何かという質問に、どんなことをしている瞬間が、最も心地よい瞬間なのか、自分で考えてみるといい、と言っていた経営者がいました。彼は自問し、誰かを喜ばせている瞬間が一番うれしい瞬間だと気づくことになります。そしてそれ

が、企業の理念へとつながっていきました。

幸せしかり、キャリアしかり、どうも「どうなりたいか」ということに、多くの人は向かい過ぎているのではないか、という印象がある、と語っていた人もいました。しかし、そこには、自分の姿しか見えてこない、と。極端な言い方をすれば、あまりに自分本位な気がする、ということです。

そうではなくて、「どうありたいか」を大切にするのです。

自分は世の中や周囲とどう関わっていきたいのか。どんなふうにまわりに影響を与え、幸せにしていきたいのか。そういった自分以外の人との向き合い方をこそ、イメージするべきだと私は感じています。なぜなら、うまくいく人の多くが、そうした未来像を持っていたからです。

もっと違う言葉でいえば、先にも触れた「志」、さらには生きる哲学と言い換えてもいいかもしれません。

「夢」ではなく「志」を意識する。「なりたい自分」ではなく「ありたい自分」を考えてみる、ということです。

――世の中とどう関わっていきたいですか？

人は生きているのではなく、生かされている

産業界しかり、芸能界しかり、スポーツ界しかり。ある分野で突き抜けた成果を出した人に、こんな質問を投げかけていた時期があります。

「どうして、そんなに頑張れるのですか」

成功してもなお、懸命の努力を続けている人たちばかりです。ある程度のところまで行けば、少しラクをしてもいいようなものなのに、そんなことはしない。いったいこの人たちの頑張りの原動力は何なのか、聞いてみたかったのです。

もちろん会社の理念があったり、個人として目指すべきものがあった、という答えもありましたが、こんなふうに言っている人が少なくありませんでした。

「これが役割だと思っていますから」

もっとはっきりとした言葉で答えてくれたのは、あるタレントでした。神様から、

お前もなんかせい、と言われて自分は生まれてきている。だから、その役割を果たしているだけだ、と。

ある経営者は若いとき、どうして自分は生まれたのか、悩み抜いたといいます。そして、こんな結論を出したそうです。

「人は生きているのではなく、生かされている」

世の中で何かの役割を果たすために、この世に送り出された。ならば、その役割を果たすことを考えればいいのではないか。自分に与えられた役割を見つけてみよう。そして、見つけたなら全力を尽くそう。

そう気づいたことで、自分はどう生きるべきか、悩み考えていた肩の荷がすっかり下りたのだ、と。

先ほどのタレントはこうも言っていました。ゴールデンタイムの仕事が偉いんじゃない。小さな世界でも、そこで必要とされることに意味がある。

与えられた役割で最善を尽くす。そういう考え方もある、ということです。そして、もしかしてこれも、幸せに近づくひとつのヒントなのかもしれない、と思いました。

——自分に与えられた役割をまっとうしていますか？

人生はビスケットの缶

何度も何度も読み返した大好きな小説に、こんな一節があります。

「人生はビスケットの缶だと思えばいいのよ」

これまでたくさんの人にインタビューしてきて、多くの人に人生について聞いていて、これほど的を射た言葉はない、と私は感じています。

どういうことか。私なりの解釈です。ビスケットの缶には、いろいろな種類のビスケットが詰まっています。おいしそうなビスケットもあれば、あまりおいしくなさそうなビスケット、好きではない味のビスケットも詰まっている。でも、人生ではすべてのビスケットを口に運ばなければいけない。

もし、おいしそうなビスケットだけを食べてしまったらどうなるか。後に残るのは、好きではないビスケットばかり、ということになる。逆に、先においしくないビスケットばかりを食べたとしたらどうか。あとは、おいしいビスケットだけを楽しめる。

これを人生に置き換えると、仮に今、苦しい人生を歩んでいたとしたら、これから待っているのは、おいしい人生だ、ということです。一方で今、最高の人生を歩んでいると考えているとしたら、注意しなければならないということです。おいしくないビスケットが待ち構えているかもしれないから。

大きな成功を手に入れていた人たちはみな、大変な苦難も同時に味わっていました。苦難があったから成功があったのか、成功があるから苦難があるのか、それはわかりませんが、帳尻はしっかり合っていた。もっといえば、苦難も味わわずに、成功だけを味わおうなどという虫のいい話はない、ということです。

ただ、ここで伝えておきたいのは、ビスケットの缶の中で、おいしいのとそれ以外の割合は、実は定められていないことです。誰が決めるのかといえば、自分で決めるのです。成功者たちは、あまりおいしくないビスケットまで、おいしく食べてしまっていた人たち、ともいえます。逆に世の中には、おいしいビスケットをおいしくないと思い込んでいる人もいます。まさに人生の妙味、なのでした。


――幸せは自分で決められる、と知っていますか？

おわりに

人生に正解はない。いろんな人生があっていい

これまでの取材を通して、私はたくさんの成功者に接し、成功することの素晴らしさを教えてもらいました。しかし、同時に、こうも思うようになりました。こうした人たちのような大きな成功を、果たして誰もが求める必要があるのか、と。

人生は、人それぞれ、でいいはずなのです。身近な人に捧げる人生があっていい。ささやかな成功を求め続ける人生があっていい。身の丈に合った喜びを追い求める人生があっていい。大事なことは、それを自ら認識し、納得し、望むということ。

なぜなら、誰もが同じ人生や目標を持つ必要など、まるでないから。いろいろな人がいて、いろいろな人生があっていいから。世の中にはいろいろな〝役割〟が必要だから。先にも書いたように、人生には正解はないのです。自分で作ればいいのです。

ただし、ひとつだけ重要なことがあります。

それは、上を向かない人生はうまくいかない可能性が高い、ということです。人間として成長しなくていい、という選択は生き物としてない、と私は思っています。ダラダラとラクをして生きられる方法もない。それは、正しくないから。誰からも必要とされないから。社会の役に立てないから。

逆にいえば、少しでもいいから自分を成長させようという意識を持ち、上を向いて、目の前のことに一生懸命に、誠実に、社会のために、誰かのために生きようとするだけで、必ずいつか報われると私は思っています。なぜなら、それが、正しいことだから。

そしてそんなところにこそ、大きな充実感が、そして幸福感が、潜んでいるのではないかと思うのです。

最後になりましたが、本書を書くことができたのは、これまでに取材させていただいた3000人以上の方々のおかげです。

実のところ、まさか今、自分がこれほどまでに忙しい日々を送り続け、さらには本を出したり、講演をしたりするようになるとは、仕事を始めた当初はまったく想像もしていなかったのです。そんな状況をもたらしてくれたのは、取材させていただいた多くの方々の教えがあってこそ、だと思っています。

本書は取材のご縁をいただいた仕事とは別の目的のため、基本的に匿名とさせていただいていますが、貴重なお時間をいただいたことに、改めてこの場を借りて、感謝申し上げます。

仕事で成功を求める人に、幸せな人生を歩みたいと考えている人に、本書がわずかでもお役に立てれば、大変幸いです。

上阪　徹

本書は、飛鳥新社より刊行された同名の単行本を文庫収録にあたり、加筆・改稿したものです。

知的生きかた文庫

成功者《せいこうしゃ》3000人《にん》の言葉《ことば》

著　者　　上阪　徹（うえさか・とおる）
発行者　　押鐘太陽
発行所　　株式会社三笠書房
〒102-0072　東京都千代田区飯田橋3-3-1
https://www.mikasashobo.co.jp
印　刷　　誠宏印刷
製　本　　若林製本工場

ISBN978-4-8379-8783-3 C0130
© Toru Uesaka, Printed in Japan

本書へのご意見やご感想、お問い合わせは、QRコード、
または下記URLより弊社公式ウェブサイトまでお寄せください。
https://www.mikasashobo.co.jp/c/inquiry/index.html

＊本書のコピー、スキャン、デジタル化等の無断複製は著作権法上での例外を除き禁じられています。本書を代行業者等の第三者に依頼してスキャンやデジタル化することは、たとえ個人や家庭内での利用であっても著作権法上認められておりません。
＊落丁・乱丁本は当社営業部宛にお送りください。お取替えいたします。
＊定価・発行日はカバーに表示してあります。

知的生きかた文庫

マッキンゼーのエリートが大切にしている39の仕事の習慣
大嶋祥誉

「問題解決」「伝え方」「段取り」「感情コントロール」……世界最強のコンサルティングファームで実践されている、働き方の基本を厳選紹介！　テレワークにも対応!!

疲れない脳をつくる生活習慣
石川善樹

グーグルも注目！　疲れない／だらけない／怒らない毎日を過ごすための次世代メンタルトレーニング「マインドフルネス」。驚くほど仕事や日常のパフォーマンスが改善する!!

自己肯定感が高まる習慣力
三浦　将

わずか3週間、楽しみながら自分を変える！「いつもより10分早く起きる」「その日感謝したことを3つ書く」他、小さな行動習慣を変えるだけで、潜在能力が開花する!!

1万人の脳を見てわかった！「成功脳」と「ざんねん脳」
加藤俊徳

仕事も人生も、すべては「脳の使いかた」ひとつ。日常の〝小さな刺激〟で8つの脳番地が目覚める！　脳科学者が20歳のときに知っておきたかった〝脳の秘密〟とは――

C40076